本书受教育部中外语言交流合作中心 2021 年度《国际中文教育中文水平等级标准》教学资源建设重点项目"中国古代蒙学典籍双语多功能系列教材(汉德双语)"(YHJC21ZD-061)资金资助。

(汉德对照)

中国古代蒙学典籍双语多功能系列教材

主　编：任晓霏　张　杰
副主编：徐　丹　彭　婷　王　姝

·南京·

内 容 提 要

本书以《三字经》(1140字版本)为文本,将原文内容分为为学之道、孝悌之礼、名物之识、传世之典、朝代之迁和励志之范等六篇,并在每一篇内的每一课设置一个主题,通过对同一主题多个层面内容的学习,加强学生对该主题的理解和内化;通过对原文汉字的学习,平衡汉字学习和日常交际需求;通过上述学习,进而延伸至对中华文化相关知识的学习;通过多样化的练习,帮助学习者巩固知识,培养学习者的创造性表达能力。

本书可用于国际中文教育本科生、研究生的中华文化传播实践课程,也可用于孔子学院汉字讲授课程,也可作为国内高等院校留学生汉语学习教材,还可作为低幼儿童及小学生的启蒙及课外阅读教材使用。

图书在版编目(CIP)数据

三字经:汉德对照 / 任晓霏,张杰主编.
南京:东南大学出版社,2024.8. — ISBN 978-7-5766-1576-0

Ⅰ. H195.5

中国国家版本馆 CIP 数据核字第 20245F1V72 号

责任编辑:刘 坚(liu-jian@seu.edu.cn)　　责任校对:张万莹
封面设计:余武莉　　责任印制:周荣虎

三字经:汉德对照　Sanzijing: Han-de Duizhao

主　　编	任晓霏　张 杰
出版发行	东南大学出版社
出 版 人	白云飞
社　　址	南京市四牌楼2号(邮编:210096 电话:025-83793330)
经　　销	全国各地新华书店
印　　刷	广东虎彩云印刷有限公司
开　　本	787mm×1092mm　1/16
印　　张	13.25
字　　数	320千字
版　　次	2024年8月第1版
印　　次	2024年8月第1次印刷
书　　号	ISBN 978-7-5766-1576-0
定　　价	68.00元

本社图书若有印装质量问题,请直接与营销部调换。电话(传真):025-83791830

前言

  本书是教育部中外语言交流合作中心(CLEC)2021年度《国际中文教育中文水平等级标准》教学资源建设重点项目"中国古代蒙学典籍双语多功能系列教材(汉德双语)项目"(YHJC21ZD-061)的研究成果。

  党的十八大以来,以习近平同志为核心的党中央高度重视中华优秀传统文化的传承发展,始终从中华民族最深沉精神追求的深度看待优秀传统文化,从国家战略资源的高度继承优秀传统文化,从推动中华民族现代化进程的角度创新发展优秀传统文化,使之成为实现"两个一百年"奋斗目标和中华民族伟大复兴中国梦的根本性力量。围绕传承和弘扬中华优秀传统文化,习近平总书记发表了一系列重要论述。习近平总书记在哲学社会科学工作座谈会上的讲话(2016)指出,中华文明延续着我们国家和民族的精神血脉,既需要薪火相传、代代守护,也需要与时俱进、推陈出新。要加强对中华优秀传统文化的挖掘和阐发,使中华民族最基本的文化基因与当代文化相适应、与现代社会相协调,把跨越时空、超越国界、富有永恒魅力、具有当代价值的文化精神弘扬起来……激活其生命力,让中华文明同各国人民创造的多彩文明一道,为人类提供正确精神指引。2023年6月,习近平总书记在文化传承发展座谈会上指出:"在新的起点上继续推动文化繁荣、建设文化强国、建设中华民族现代文明,是我们在新时代新的文化使命。"新的文化使命,要求我们继续深入挖掘阐发中华优秀传统文化精华,推动创造性转化、创新性发展,让中华优秀传统文化展现出永久魅力和时代风采;让世界知道"为人类文明作贡献的中国",是时代赋予学人的一项光荣而艰巨的任务。

  语言是沟通交流的桥梁和纽带。当前,"中文热"持续升温,越来越多的国家将中文纳入国民教育体系,各国对学习中文的需求持续旺盛,汉语人才越来越受到欢迎。在2023世界中文大会开幕式致辞中,国务院副总理丁薛祥强调中国将一如既往大力支持国际中文教育,为加快中文走向全球、服务世界提供有力的支撑和保障。推进新形势下的国际中文教育和世界语言交流合作,需要中国和世界各国人民共同努力。要构建开放包容的国际中文教育格局,与各方一道办好孔子学院等中文项目,大力发展信息化、数字化、智能化中文教育,支持各国培养本土师资、研发本土教材、开展本土化中文教学。更好发挥中文社会服务功能,不断提升中文的社会应用价值,支持和鼓励更多国际组织将中文列为官方语言,欢迎更多国际场合使用中文,积极服务各国经济社会发展。深化中外语言交流合作,通过"请进来"与"走出去"相结合,加强中文与世界各国语言的双向交流,支持各国青少年来华体验中国文化、展示各国文化,增进彼此友谊和心灵沟通。促进文明互学互鉴,秉持开放包容,强化守正创新,共同推动世界多元文明繁荣发展。

中国古代蒙学发轫于殷周,发展于秦汉,成熟于唐宋,明清时期更是达到鼎盛。中国古代蒙学典籍所承载的汉字文化使华夏文明历久弥新,绵延不绝,并在数千年的中外文化交流史上辐射周边,推进了汉字文化圈的形成;进而远播欧美,为西方现代文明带去了东方儒家思想的福佑和启迪。

中国传统蒙学典籍历史悠久,文化积淀深厚,是中华文明体系中语言、文化传承与传播的重要载体。让学习者通过蒙学典籍领略汉字文化的魅力,传承和传播中华优秀文化,具有十分重要的学术意义和社会价值。

蒙学最惊人之处是其蒙学教材。中国传统蒙学教材内容丰富,包罗万象,常简称为蒙学"三百千千弟子规"(《三字经》《百家姓》《千字文》《千家诗》《弟子规》),其中又以"三(字经)、百(家姓)、千(字文)"最为知名。蒙学教材使用时间之长、范围之广空前绝后,足可以载入"吉尼斯世界纪录"。张志公(1992)在《传统语文教育教材论:暨蒙学书目和书影》中对古代蒙学教材做了极为详尽的考证,编订了《蒙学书目》。他把古代蒙学教材分为21类,收录近600种蒙学书籍,为蒙学研究提供了宝贵的参考资料。较有名的蒙学教材见下表:

表1 重要蒙学教材列表

《三字经》	《百家姓》	《千字文》	《千家诗》
《小儿语》	《弟子规》	《五字鉴》	《增广贤文》
《小学诗》	《龙文鞭影》	《朱子家训》	《笠翁对韵》
《名贤集》	《幼学琼林》	《蒙求》	《唐诗三百首》
《格言联璧》	《声律启蒙》	《二十四孝》	《训蒙骈句》
《小学绀珠》	《急就篇》	《太公家教》	《小学》
《史籀篇》	《仓颉》	《蒙养故事》	《颜氏家训》

在推进国家社科基金重点项目的研究工作中,我们发现,中国古代蒙学典籍在国际中文教学史上作为汉语教材发挥了重要作用;但在近代的影响逐渐式微。在新时期推进传统优秀文化的创造性转化与创新性发展进程中,我们计划面向国际中文教育领域推出"中国古代蒙学典籍双语多功

能系列教材",为海内外汉语学习者提供理解汉字本真、掌握汉语韵律、学好汉语语言的传统经典教材。

中国传统蒙学教材内容丰富,包罗万象,其中又以"三、百、千"最为知名。《三字经》是中国历代蒙学典籍中的首选教材,三字一句,通俗易懂,朗朗上口。其内容融会经史子集,涵盖历史、天文、地理、伦理道德和民间故事,其核心思想为"仁、义、诚、敬、孝"。"俄国汉学之父"俾丘林(1777—1853)把《三字经》称为"十二世纪的百科全书"。通过学习《三字经》,既可以认知常用汉字,又可以了解中国历史和传统文化,还可以掌握汉语的韵律规范。由于时代的局限性,其中的某些内容,如忠君和三纲五常等,已经不符合当代的价值观,我们应当对其有选择地批判学习。

《三字经》大约成书于南宋,最早版本的历史内容截止到宋朝。大多数后代学者认为南宋儒家学者王应麟编写《三字经》的目的是教育本族子弟读书。随着时间推移,许多不同时期的人都对《三字经》进行过修改或增加,因而出现了良莠不齐的众多版本。就目前所见,有宋末元初的1 068字本,明代的1 092字本,明末的1 122字本,清初的1 140字本及1 170字本等。纵览各版本,可以发现增改内容主要有两处:一是自然名物等方面,如加入"十干者,甲至癸"以及"青赤黄,及黑白,此五色"等内容;二是在历史脉络方面,续写元明以来的历史,有的写到清顺治帝,有的写到民国。后续版本中增加的自然风物内容,在逻辑上显得有点混乱,如"七情具"之后突然接上了"青赤黄,及黑白,此五色",既不押韵,又增加了记忆难度。1 140字版本读起来则比较顺畅,内容上也合乎逻辑。所增加的历史脉络内容,1 140字版本截止到清朝顺治时期。有些版本接续到了民国。由于接续者距离清末民初的历史较近,无法真正做到客观讲述。同时,其与《三字经》初写时的思想架构存在一定偏离,难以"一以贯之"。经过比较,我们最后选用了最为流行的清朝道光年间刊行的1 140字版本,并参考其他版本进行了比较修订。

本书以《三字经》为文本,进行汉字教学和中华文化相关知识的普及。每课一个主题,学习原文,讲解生字;通过日常对话辅助学习现代汉语语法,平衡汉字学习及日常生活交际需求;最后是拓展延伸阅读,帮助学习者更好地理解和掌握本课主题深层的文化内涵。

根据《三字经》原文内容,本书分为教育之道、孝悌之礼、名物之识、传世之典、朝代之迁和励志之范六篇,共20课。按主题教学,通过对同一主题多个层面内容的学习,加强学生对该主题的理解和内化,循序渐进,逐步深化,进而培养学生的创造性表达能力。

每课分为七部分,包括课前练习、学习原文、汉字学习、日常对话、语法知识、课后练习和延伸学习。从字到词,辅以现代日常交际所必需的现代汉语语法,进行汉语教学。根据HSK汉字等级大纲,选取《三字经》原文中所有3—4级汉字作为教学重点,进行"字本位"教学,先文后语,从汉字学习到词语学习再到语法、日常交际的学习。"延伸学习"中,我们紧跟时代发展步伐,特意选择了与当代社会科技生活密切相关的内容。同时,为了凸显地方特色,我们选取了在中国文化中意义重大、影响深远的部分镇江地域历史文化内容。

《三字经》的中文释义遵循"简明准确"的原则。本教材注重学生理解,每课以话题讨论引入,从不同文化思想碰撞到中国传统典籍学习,再到课后口语练习,每课首尾呼应,重任务型学习,以学生对中国文化的理解与评价为重点,关注学生的汉语输出和表达能力。从蒙学经典到日常交际,由古至今,从文化源头到现实生活,开阔学生视野,联系生活实际,在学习中国优秀传统文化的同时,与当代中国社会和文化相衔接。

本教程既可用于汉语国际教育研究生的中华文化传播实践课程,也可以用于孔子学院汉字学习,还可作为国内各高等院校在校留学生汉语学习教材,也可供具有一定汉字基础的留学生自学,同时,还可以作为国内中小学生的课外阅读教材。

本书由任晓霏教授、张杰老师担任主编,徐丹、彭婷、王姝担任副主编,任晓霏教授的硕士研究生参与了教材编写工作。任晓霏负责教程的统筹和设计,张杰负责教程编写的组织管理和统稿,徐丹负责中文第二版的组稿和审校,彭婷和王姝承担了教程的德文翻译和审校工作。本教材第一版由钟维、刘妍汝和王丹迪负责各小组的分工、协调和统稿工作。具体分工如下:第一课,钟维;第二课,张厚行;第三课,张雨昕;第四课,邹国栋;第五课,刘胜男;第六课,刘妍汝;第七课,曹霞;第八课,张悦;第九课,杨茗;第十课,张雅雯;第十一课,陈亚芳;第十二课,陈睿;第十三课,尤磊;第十四课,杨天天;第十五课,汪琪;第十六课,周楚越;第十七课,汪可;第十八课,廖瑾瑜;第十九课,李巧;第二十课,尹思纯。校对增补由钟维(1—4课)、刘妍汝(5—8课)、胡晗(9—12课)、沙博瀚(13—16课)、王丹迪(17—20课)负责。薛文宇、纪储洋、杨茗、房沁晔、白喆、曹云开、陈颖和马琛负责课文对话录音。邓燕玲、张丹、尤晨玮和金艺萌参与了第二版的审校工作。

由于编写人员水平有限,教材中难免存在错误、疏漏和不足之处,恳请方家批评指正并不吝赐教,以便我们进一步改善工作。

编写组

2021年1月

目录

第一篇　为学之道
Teil I　Weg der Bildung

第一课　人之初　Lektion 1　Menschen bei ihrer Geburt
- 一、课前练习（Aufwärmübung） ········ 003
- 二、学习原文（Text） ········ 004
- 三、汉字学习（Chinesisches Schriftzeichen） ········ 004
- 四、日常对话（Dialoge） ········ 006
- 五、语法知识（Grammatik） ········ 007
- 六、课后练习（Übungen） ········ 007
- 七、延伸学习（Lektüre für erweitertes Lernen） ········ 009

第二课　昔孟母　Lektion 2　Mencius' Mutter
- 一、课前练习（Aufwärmübung） ········ 011
- 二、学习原文（Text） ········ 012
- 三、汉字学习（Chinesisches Schriftzeichen） ········ 013
- 四、日常对话（Dialoge） ········ 016
- 五、语法知识（Grammatik） ········ 017
- 六、课后练习（Übungen） ········ 018
- 七、延伸学习（Lektüre für erweitertes Lernen） ········ 021

第二篇　孝悌之礼
Teil Ⅱ　Etikette der kindlichen Pietät

第三课　孔融让梨　Lektion 3　Kong Rong und die Birne

　　一、课前练习（Aufwärmübung） ·············· 025
　　二、学习原文（Text） ·············· 026
　　三、汉字学习（Chinesisches Schriftzeichen） ·············· 027
　　四、日常对话（Dialoge） ·············· 029
　　五、语法知识（Grammatik） ·············· 030
　　六、课后练习（Übungen） ·············· 030
　　七、延伸学习（Lektüre für erweitertes Lernen） ·············· 031

第三篇　名物之识
Teil Ⅲ　Das Wissen über Dinge

第四课　知某数　Lektion 4　Verständnis von Zahlen

　　一、课前练习（Aufwärmübung） ·············· 035
　　二、学习原文（Text） ·············· 036
　　三、汉字学习（Chinesisches Schriftzeichen） ·············· 036
　　四、日常对话（Dialoge） ·············· 038
　　五、语法知识（Grammatik） ·············· 039
　　六、课后练习（Übungen） ·············· 039
　　七、延伸学习（Lektüre für erweitertes Lernen） ·············· 041

第五课　曰春夏　Lektion 5　Frühling und Sommer

　　一、课前练习（Aufwärmübung） ·············· 042
　　二、学习原文（Text） ·············· 043
　　三、汉字学习（Chinesisches Schriftzeichen） ·············· 043

四、日常对话(Dialoge) ········· 044

五、语法知识(Grammatik) ········· 045

六、课后练习(Übungen) ········· 046

七、延伸学习(Lektüre für erweitertes Lernen) ········· 047

第六课　曰水火　Lektion 6　Wasser und Feuer

一、课前练习(Aufwärmübung) ········· 048

二、学习原文(Text) ········· 049

三、汉字学习(Chinesisches Schriftzeichen) ········· 050

四、日常对话(Dialoge) ········· 052

五、语法知识(Grammatik) ········· 052

六、课后练习(Übungen) ········· 053

七、延伸学习(Lektüre für erweitertes Lernen) ········· 054

第七课　曰喜怒　Lektion 7　Emotionen

一、课前练习(Aufwärmübung) ········· 056

二、学习原文(Text) ········· 057

三、汉字学习(Chinesisches Schriftzeichen) ········· 057

四、日常对话(Dialoge) ········· 059

五、语法知识(Grammatik) ········· 060

六、课后练习(Übungen) ········· 060

七、延伸学习(Lektüre für erweitertes Lernen) ········· 062

第八课　高曾祖　Lektion 8　Ur-ur-Großvater

一、课前练习(Aufwärmübung) ········· 064

二、学习原文(Text) ········· 065

三、汉字学习(Chinesisches Schriftzeichen) ········· 066

四、日常对话(Dialoge) ········· 069

五、语法知识(Grammatik) ········· 070

六、课后练习（Übungen） ……………………………………… 070
　　七、延伸学习（Lektüre für erweitertes Lernen） ……………… 072

第四篇　传世之典
Teil IV　Klassische Werke

第九课　凡训蒙　Lektion 9　Aufklärung und Bildung
　　一、课前练习（Aufwärmübung） ………………………………… 077
　　二、学习原文（Text） ……………………………………………… 078
　　三、汉字学习（Chinesisches Schriftzeichen） ………………… 079
　　四、日常对话（Dialoge） ………………………………………… 080
　　五、语法知识（Grammatik） ……………………………………… 080
　　六、课后练习（Übungen） ………………………………………… 081
　　七、延伸学习（Lektüre für erweitertes Lernen） ……………… 082

第十课　论语者　Lektion 10　Analekten des Konfuzius
　　一、课前练习（Aufwärmübung） ………………………………… 084
　　二、学习原文（Text） ……………………………………………… 085
　　三、汉字学习（Chinesisches Schriftzeichen） ………………… 086
　　四、日常对话（Dialoge） ………………………………………… 088
　　五、语法知识（Grammatik） ……………………………………… 089
　　六、课后练习（Übungen） ………………………………………… 089
　　七、延伸学习（Lektüre für erweitertes Lernen） ……………… 090

第十一课　孝经通　Lektion 11　Der Klassiker der kindlichen Pietät
　　一、课前练习（Aufwärmübung） ………………………………… 092
　　二、学习原文（Text） ……………………………………………… 093
　　三、汉字学习（Chinesisches Schriftzeichen） ………………… 094
　　四、日常对话（Dialoge） ………………………………………… 096

五、语法知识（Grammatik） ……………………………… 097

六、课后练习（Übungen） ………………………………… 097

七、延伸学习（Lektüre für erweitertes Lernen） ………… 099

第十二课　我周公　Lektion 12　Der Fürst von Zhou

一、课前练习（Aufwärmübung） …………………………… 100

二、学习原文（Text） ……………………………………… 101

三、汉字学习（Chinesisches Schriftzeichen） …………… 102

四、日常对话（Dialoge） …………………………………… 105

五、语法知识（Grammatik） ……………………………… 105

六、课后练习（Übungen） ………………………………… 106

七、延伸学习（Lektüre für erweitertes Lernen） ………… 107

第十三课　三传者　Lektion 13　Drei Annalen

一、课前练习（Aufwärmübung） …………………………… 109

二、学习原文（Text） ……………………………………… 110

三、汉字学习（Chinesisches Schriftzeichen） …………… 110

四、日常对话（Dialoge） …………………………………… 112

五、语法知识（Grammatik） ……………………………… 112

六、课后练习（Übungen） ………………………………… 113

七、延伸学习（Lektüre für erweitertes Lernen） ………… 114

第五篇　朝代之迁
Teil V　Wechsel von Dynastien

第十四课　经子通　Lektion 14　Klassiker und Philosophenwerke

一、课前练习（Aufwärmübung） …………………………… 119

二、学习原文（Text） ……………………………………… 120

三、汉字学习（Chinesisches Schriftzeichen） …………… 122

四、日常对话（Dialoge） ················· 126
　　五、语法知识（Grammatik） ················· 126
　　六、课后练习（Übungen） ················· 127
　　七、延伸学习（Lektüre für erweitertes Lernen） ················· 128

第十五课　高祖兴　Lektion 15　Han Gaozu（Liu Bang）

　　一、课前练习（Aufwärmübung） ················· 130
　　二、学习原文（Text） ················· 131
　　三、汉字学习（Chinesisches Schriftzeichen） ················· 132
　　四、日常对话（Dialoge） ················· 136
　　五、语法知识（Grammatik） ················· 137
　　六、课后练习（Übungen） ················· 137
　　七、延伸学习（Lektüre für erweitertes Lernen） ················· 138

第十六课　炎宋兴　Lektion 16　Etablierung der Song-Dynastie

　　一、课前练习（Aufwärmübung） ················· 140
　　二、学习原文（Text） ················· 141
　　三、汉字学习（Chinesisches Schriftzeichen） ················· 142
　　四、日常对话（Dialoge） ················· 145
　　五、语法知识（Grammatik） ················· 145
　　六、课后练习（Übungen） ················· 146
　　七、延伸学习（Lektüre für erweitertes Lernen） ················· 147

第十七课　古今史　Lektion 17　Antike und moderne Geschichte

　　一、课前练习（Aufwärmübung） ················· 149
　　二、学习原文（Text） ················· 150
　　三、汉字学习（Chinesisches Schriftzeichen） ················· 151
　　四、日常对话（Dialoge） ················· 152
　　五、语法知识（Grammatik） ················· 153

六、课后练习（Übungen） ……………………………… 154
七、延伸学习（Lektüre für erweitertes Lernen） ……… 155

第六篇　励志之范
Teil Ⅵ　Vorbilder

第十八课　口而诵　Lektion 18　Rezitation und Reflexion
一、课前练习（Aufwärmübung） ……………………… 159
二、学习原文（Text） …………………………………… 160
三、汉字学习（Chinesisches Schriftzeichen） ………… 161
四、日常对话（Dialoge） ………………………………… 165
五、语法知识（Grammatik） …………………………… 166
六、课后练习（Übungen） ……………………………… 166
七、延伸学习（Lektüre für erweitertes Lernen） ……… 168

第十九课　苏老泉　Lektion 19　Su Laoquan
一、课前练习（Aufwärmübung） ……………………… 170
二、学习原文（Text） …………………………………… 171
三、汉字学习（Chinesisches Schriftzeichen） ………… 172
四、日常对话（Dialoge） ………………………………… 176
五、语法知识（Grammatik） …………………………… 177
六、课后练习（Übungen） ……………………………… 178
七、延伸学习（Lektüre für erweitertes Lernen） ……… 179

第二十课　唐刘晏　Lektion 20　Liu Yan aus der Tang-Dynastie
一、课前练习（Aufwärmübung） ……………………… 181
二、学习原文（Text） …………………………………… 182
三、汉字学习（Chinesisches Schriftzeichen） ………… 183
四、日常对话（Dialoge） ………………………………… 186

五、语法知识(Grammatik) ·· 187

六、课后练习(Übungen) ·· 188

七、延伸学习(Lektüre für erweitertes Lernen) ······················ 189

练习参考答案 ··· 191

常用汉德语法术语

被动语态	Passiv	介词	Präposition
不定冠词	Unbestimmter Artikel	句法	Syntax
不及物动词	Intransitives Verb	句型	Teilsatz
不可数名词	Nicht-zählbares Nomen	可数名词	zählbares Nomen
陈述句	Aussagesatz	连词	Konjunktion
词性	Wortart	名词	Nomen
搭配	Kollokation	情态动词	Modalverb
代词	Pronomen	时态	Zeitform
定冠词	Bestimmter Artikel	实词	Inhaltswort/Autosemantikum
动词	Verb	数词	Zahlwort
复合句	Satzgefüge	形容词	Adjektiv
复杂句	Satzgefüge	虚词	Funktionswort/Synsemantikum
副词	Adverb	疑问句	Deklarativsatz
感叹词	Interjektion	语法	Grammatik
感叹句	Exklamativsatz	语气词	Modalpartikel
冠词	Artikel	语态	Handlungsrichtung/Diathese
及物动词	transitives Verb	主动语态	Aktiv
简单句	einfacher Satz	助词	Partikel

人物简介

王老师：专职汉语教师，40岁，主讲中国古代蒙学课程。

李华：巴基斯坦人，22岁，HSK三级，来中国学习汉语一年，性格开朗，有很多中国朋友，对中国传统文化感兴趣。

张丽丽：俄罗斯人，25岁，HSK三级，来中国学习汉语一年，与李华为同一语言班同学，学习刻苦努力，想要成为一名汉语老师。

刘芳：英国人，27岁，HSK三级，来中国5年，曾为跨国企业员工，已在中国工作4年，在工作中接触汉语，喜欢中华文化，后进入大学学习汉语。

陈士杰：泰国人，24岁，HSK三级，来中国学习汉语半年，想成为导游。

Figuren

Herr Wang: Chinesischlehrer, 40 Jahre alt, leitet Altchinesisch-Grundschulkurse.

Li Hua: Pakistanierin, 22 Jahre alt, HSK-Niveau 3. seit einem Jahr in China, um Chinesisch zu lernen, hat eine fröhliche Persönlichkeit; hat viele chinesische Freunde und interessiert sich für die traditionelle chinesische Kultur.

Zhang Lili: Russin, 25 Jahre alt, HSK-Niveau 3. seit einem Jahr in China, um Chinesisch zu lernen, Kommilitonin von Li Hua im Chinesischkurs, lernt fleißig und will später Chinesischlehrerin werden.

Liu Fang: Britin, 27 Jahre alt, HSK-Niveau 3. seit fünf Jahren in China, ehemalige Angestellte in einem transnationalen Unternehmen, interessiert sich für die chinesische Kultur und studiert dann Chinesisch an der Universität.

Chen Shijie: Thailänder, 24 Jahre alt, HSK-Niveau 3. lernt Chinesisch seit sechs Monaten in China, will Reiseleiter werden.

第一篇　为学之道

《三字经》为中国重要的经典蒙学读本之一。根据其内容，大致可以分为六部分，即：为学之道、孝悌之礼、名物之识、传世之典、朝代之迁和励志之范。第一篇共分为两课，主要阐述教育的重要性，尤其强调启蒙教育在人一生中的重要意义。

稚子无知，贪玩好动，需要父母和教师的教育引导才能成人成才。不同的教育会产生不同的效果，影响一个人的未来。及时正确的教育，再加上恰当有效的方法，有利于儿童健康成长，使之成为有用人才。因此，在幼年时期，父母和老师的启蒙作用极为关键；在一个人的成长历程中，家庭和学校肩负着重大的责任。

《三字经》强调人性本善和人性相近，但教育的影响力不容忽视。作者又以历史名人事例，如孟母三迁和窦燕山的五子登科，进一步佐证自己的观点。

Teil I Weg der Bildung

Der *Drei Zeichen Klassiker* ist eine der wichtigsten klassischen Fibeln im alten China. Dem Inhalt nach lässt er sich im Allgemeinen in sechs Teile gliedern, nämlich: Weg der Bildung, Etikette der kindlichen Pietät, Wissen über die Dinge, Klassische Werke, Wechsel der Dynastien und Vorbilder. Teil I, der zwei Lektionen umfasst, befasst sich hauptsächlich mit der Bedeutung von Bildung, insbesondere mit der Bedeutung der Aufklärung in der Kindheit für das Leben.

Da Kinder naiv und ahnungslos, verspielt und unruhig sind, müssen sie von ihren Eltern und Lehrern aufgeklärt und erzogen werden. Die Verschiedenheiten in der Erziehung führen zu unterschiedlichen Auswirkungen und werden das Leben eines Menschen beeinflussen. Eine rechtzeitige und angemessene Erziehung mit wirksamen Methoden wird die Entwicklung eines Kindes fördern und es zu einem Talent heranreifen lassen. Daher ist die Aufklärung in den ersten Lebensjahren durch die Eltern oder Lehrer von entscheidender Bedeutung. Während der frühen Entwicklung eines Menschen ist die Verantwortung der Familie oder der Schule groß und unersetzlich.

Der *Drei Zeichen Klassiker* betont das Gute und die Gemeinsamkeiten in der Natur des Menschen; Der Einfluss der Bildung ist jedoch nicht zu übersehen. Der Autor führte einige Beispiele aus der Geschichte Chinas an, wie z. B. die Erziehung der Mutter von Mencius und die erfolgreiche Erziehung von Dou Yanshan zu seinen fünf Söhnen, um seinen Standpunkt zu unterstützen.

第一课　人之初

Lektion 1　Menschen bei ihrer Geburt

课前练习 Aufwärmübung

1. 描红并注音(Zeichnen Sie Striche nach und ergänzen Sie Pinyin)

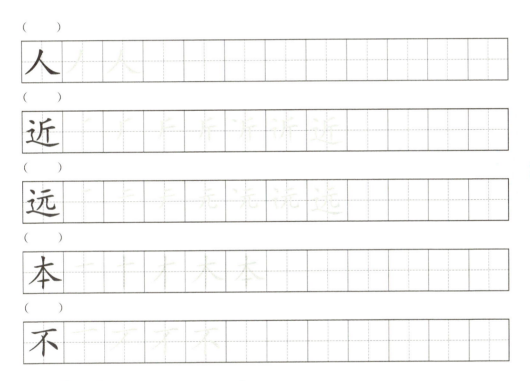

2. 话题导入(Einführung zum Thema)

人的本性如何？本性善良是孔子的观点，也有人说是孟子的观点，而本性邪恶是荀子的观点。您赞成"人的本性是善良的"吗？

Ist die menschliche Natur gut oder schlecht? Es wird gesagt, dass die gute Natur die Ansicht von Konfuzius oder Mencius sei, während die böse Natur die Ansicht von Xunzi sei. Was ist Ihre Meinung zu der menschlichen Natur?

三字经

 学习原文 Text

Rén zhī chū, xìng běn shàn.
人 之 初, 性 本 善。
Xìng xiāng jìn, xí xiāng yuǎn.
性 相 近, 习 相 远。
Gǒu① bú jiào, xìng nǎi qiān②.
苟 不 教, 性 乃 迁。
Jiào zhī dào③, guì yǐ zhuān.
教 之 道, 贵 以 专。

1. 注释(Hinweise)

①苟：如果(wenn)。

②迁：改变(verändern)。

③道：方法(Weise)。

2. 原文大意(Paraphrase)

刚出生时，人性都很善良。

尽管天性相近，但是个人的习惯相差很大。

如果不进行教育，人性就会发生变化。

教育方式很多，而最重要的是始终如一。

 汉字学习 Chinesisches Schriftzeichen

拼音	zhī
词性	助词(Hilfswort)
释义	的(von)
搭配	赤子之心(das Herz eines Neugeborenen)
例句	我有一颗赤子之心。Ich habe das Herz eines Neugeborenen.

拼音	chū

004

词性	名词(N.)
释义	开始的一段时间(Anfang einer Periode)
搭配	月初、年初(Anfang des Monats/des Jahres)
例句	月初天气还很热。Zu Beginn dieses Monats war es noch sehr heiß.

性

拼音	xìng
词性	名词(N.)
释义	人的本性(die menschliche Natur)
搭配	个性(Persönlichkeit);耐性(Geduld)
例句	他个性活泼。Er hat eine lebhafte Persönlichkeit.

善

拼音	shàn
词性	形容词(Adj.)
释义	善良;好心(freundlich)
搭配	善良(gutmütig);慈善(Wohltätigkeit)
例句	他很善良。Er ist sehr gutmütig.

专

拼音	zhuān
词性	动词(V.)
释义	集中在一件事上(sich auf eine Sache konzentrieren)
搭配	专心(aufmerksam);专注(sich konzentrieren)
例句	学习要专注。Sie müssen sich auf Ihr Studium konzentrieren.

第一课 人之初

四 日常对话 Dialoge

（一）我要学习《三字经》
(Ich werde den Drei Zeichen Klassiker lernen.)

李　华：这学期我要学习《三字经》。

张丽丽：我听说《三字经》是少儿教育读本。谁教《三字经》？

李　华：王老师。

张丽丽：太好了！我很喜欢王老师。我要认真学习《三字经》。

李　华：你知道王老师在哪儿吗？

张丽丽：他在办公室。我下午去找王老师，要不要跟我一起去？

李　华：好。我们一起去吧。

（二）谁的《三字经》 *(Wessen Drei Zeichen Klassiker ist das?)*

刘　芳：这里有一本《三字经》，是谁的？

陈士杰：我看看。这是李华的。

刘　芳：李华在哪儿？

陈士杰：他在操场打篮球。你要去找他吗？

刘　芳：是！我要把《三字经》带给他，顺便可以看他打球。

陈士杰：好。我们一起去吧。

五、语法知识 / Grammatik

1. 助动词(要)

用法：表达做某事的愿望，放在动词前。
句型：主语＋要＋动词(＋宾语)
例句：我们**要**学习《三字经》。
　　　山本**要**打篮球。

2. 疑问代词(谁、哪儿)

用法：对人、地点的提问，直接替换陈述句中被提问部分。
句型：主语＋是＋疑问代词？
　　　主语＋在＋疑问代词？
例句：问：这是**谁**的《三字经》？
　　　答：这是山本的《三字经》。
　　　问：山本在**哪儿**？
　　　答：他在操场打篮球。

六、课后练习 / Übungen

1. 写一写(Schreiben)

根据拼音写汉字。
Schreiben Sie die entsprechenden Zeichen nach dem Pinyin auf.

shàn	zhuān	jiào
＿＿良	＿＿心	＿＿学

2. 连一连(Verbindung)

把右列的汉字与左列的汉字相连组词。
Verbinden Sie die Zeichen in der rechten Spalte mit den Zeichen in der linken Spalte, um eine Phrase zu bilden.

相	师
教	习
以	性
学	前
个	互

三字经

3. 填一填(Lücken Füllen)

用适当的汉字填空。

Füllen Sie die folgenden Lücken mit den richtigen Zeichen aus.

(1) _____的意思是开始的一段时间。

(2) ——_____是班长？

　　——玛丽是班长。

(3) 我饿了。我_____去吃饭。

(4) ——山本在哪儿？

　　——山本在_____。

4. 默一默(Schreiben Sie aus dem Gedächtnis)

根据课文内容填空。

Ergänzen Sie den Text.

人_____ _____，_____本_____。

性_____近，_____相_____。

_____不教，_____ _____迁。

教之_____，贵_____ _____。

5. 说一说(Sprechen)

根据所给场景，编写对话并练习。

Erstellen Sie anhand der gegebenen Situationen Dialoge und üben Sie.

你下课后干什么？

提示：要

想象一下，十年后的自己会在做什么？你希望自己做什么？为了达到目标，你在这十年中应该要怎么做呢？

蒙学"三百千"

蒙学是中国古代儿童启蒙教育的统称,有近三千年的历史,是中华优秀传统文化的重要组成部分。"三百千"是蒙学代表性教材《三字经》《百家姓》和《千字文》的简称。蒙学教材多合辙押韵,朗朗上口,易于记诵,内容主要包括汉字识辨、声律启蒙、伦理教化、博物教育、书写训练和文章写作等。

《三字经》为南宋(1127—1279)王应麟(1223—1296)所作,为三字韵文,旨在识字、劝学。总而言之,《三字经》是一部构思精巧、知识丰赡、音韵谐美、精彩绝伦的蒙学教材。《百家姓》具有了解姓氏和识字教学的双重功用,包括了中国人的60个复姓和444个单姓。《千字文》是南北朝时期梁朝的周兴嗣(469—537)受梁武帝(464—549)之命,为梁武帝的儿子们编写的一部识字读本;全书为四言韵文,250句,共计1000字,全部选自王羲之(303—361)的书法作品。

Die Aufklärungserziehung, der Sammelbegriff für die Erziehung von Kindern im alten China, hat eine fast 3000-jährige Geschichte und ist ein wichtiger Teil der hervorragenden traditionellen chinesischen Kultur. „San (三, drei) Bai (百, hundert) Qian (千, tausend)" ist die Abkürzung von drei repräsentativen Fibeln: *Drei Zeichen Klassiker*, *Die Hundert Familiennamen und Aufsatz mit eintausend Zeichen*. Die meisten Fibeln sind gereimt und eingängig, und eignen sich gut zum Aufsagen und Auswendiglernen. Sie umfassen hauptsächlich Bereiche wie das Erlernen chinesischer Schriftzeichen, Reim und Rhythmus, Ethikunterricht, Naturwissenschaften, Kalligraphie und Aufsatzschreiben.

三字经

Drei Zeichen Klassiker wurde angeblich von Wang Yinglin (1223 – 1296) aus der Südlichen Song-Dynastie (1127 – 1279) verfasst. Es besteht aus kurzen Sätzen mit drei Zeichen und soll den Kindern die grundlegenden Schriftzeichen vermitteln und sie zum Lernen anregen. Kurz gesagt, *Drei Zeichen Klassiker* ist eine geniale, kenntnisreiche, gereimte, poetische und unvergleichliche Fibel. *Die Hundert Familiennamen* bringt den Kindern sowohl chinesische Familiennamen als auch chinesische Schriftzeichen bei, darunter 60 Familiennamen mit zwei Zeichen und 444 Namen mit einem Zeichen. *Aufsatz mit eintausend* Zeichen ist ursprünglich eine Fibel für die Fürsten, die von Zhou Xingsi (469 – 537) im Auftrag von Kaiser Liang (464 – 549) in der Zeit der Südlichen und Nördlichen Dynastie verfasst wurde. Dieses Buch enthält 250 kurzen Versen, die jeweils aus vier Zeichen bestehen. Das sind insgesamt 1.000 chinesischen Schriftzeichen und alle sind aus der Handschrift des berühmten Kalligraphen Wang Xizhi (303 – 361) ausgewählt.

第二课　昔孟母

Lektion 2　Mencius' Mutter

1. 描红并注音(Zeichnen Sie Striche nach und ergänzen Sie Pinyin)

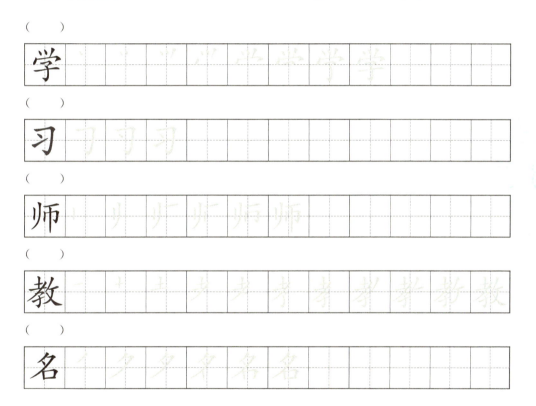

2. 话题导入(Einführung zum Thema)

你认为生活环境对孩子的成长影响大吗？

Glauben Sie, dass die Nachbarschaft einen großen Einfluss auf die Entwicklung der Kinder hat?

三字经

一、学习原文 Text

Xī① mèng mǔ, zé lín chǔ②。
昔 孟 母，择 邻 处。

Zǐ bù xué, duàn jī zhù③。
子 不 学，断 机 杼。

Dòu yān shān④, yǒu yì fāng⑤。
窦 燕 山，有 义 方。

Jiào wǔ zǐ, míng jù yáng⑥。
教 五 子，名 俱 扬。

Yǎng bú jiào, fù zhī guò。
养 不 教，父 之 过。

Jiào bù yán, shī zhī duò。
教 不 严，师 之 惰。

Zǐ bù xué, fēi suǒ yí。
子 不 学，非 所 宜。

Yòu bù xué, lǎo hé wéi?
幼 不 学，老 何 为？

Yù bù zhuó, bù chéng qì。
玉 不 琢，不 成 器。

Rén bù xué, bù zhī yì。
人 不 学，不 知 义。

1. 注释(Hinweise)

①昔：过去(Vergangenheit)。
②处：安居；居住(residieren)。
③机杼：织机的梭子(Spulen für Webmaschinen)。
④窦燕山：窦禹钧，五代后周(951—960)人，老家在燕山一带，人们称其为窦燕山(Dou Yanshan, Name einer Person)。
⑤义方：行事应该遵守的规范和道理(hervorragende Methode)。
⑥扬：扬名。窦禹钧教子有方，五个儿子都登科及第，后人称之为"五子登科"(berühmt werden)。

2. 原文大意(Paraphrase)

从前,孟子的母亲先后搬了三次家,只为了让孟子拥有良好的成长环境。
孟子不努力学习,孟母生气地剪断刚织好的布,告诫他好好学习。
五代时期,窦燕山擅长教育,他悉心培养的五个儿子每一个都是国家栋梁。
生了孩子却不教育,这是父母的过错。教育孩子却不严格要求,这是老师的失职。

孩子不好好学习是不对的。如果小时候不好好学习,长大后就不会有出息。
不经过细细打磨雕琢,玉石无法成为玉器。不经过培养和锻炼,人就无法成才。

扬

拼音	yáng
词性	动词(V.)
释义	传播(verbreiten);称颂(preisen)
搭配	表扬(preisen, loben);发扬(entwickeln und fördern)
例句	他努力学习,获得了老师的表扬。 Er lernte fleißig und wurde vom Lehrer gelobt.

母

拼音	mǔ
词性	名词(N.)
释义	妈妈(Mutter)
搭配	母女(Mutter und Tochter);母亲(Mutter)
例句	我的母亲是一位医生。Meine Mutter ist Ärztin.

择

拼音	zé
词性	动词(V.)
释义	挑选(wählen)
搭配	选择(wählen);不择手段(skrupellos)
例句	你选择哪个? Welche wählen Sie?

邻

拼音	lín

词性	名词(N.)
释义	位置接近,这里指住址挨近的人家(in der Nähe von, Nachbar)
搭配	邻居(Nachbar);邻国(Nachbarland)
例句	他是你的邻居吗？Ist er dein Nachbar?

拼音	yì
词性	名词(N.);形容词(Adj.)
释义	公正的、有利于社会大众的道理(Gerechtigkeit;gerecht)
搭配	义务(Pflicht,Obligation);意义(Bedeutung)
例句	大学生有义务为社区服务。 Universitätsstudenten haben die Pflicht, der Gemeinde zu dienen.

拼音	duàn
词性	动词(V.)
释义	(长物)分开成几段(gebrochen);判断(beurteilen)
搭配	不断(ständig);判断(beurteilen)
例句	世界总是不断变化。Die Welt verändert sich ständig.

拼音	jù
词性	副词(Adv.)
释义	全,都(alle, beide)
搭配	俱乐部(Club);与日俱增(mit jedem Tag zunehmen)
例句	他想成为足球俱乐部的一员。 Er möchte Mitglied des Fußball-Clubs werden.

严

拼音	yán
词性	形容词（Adj.）
释义	认真、不放松（ernsthaft）
搭配	严格（streng）
例句	李老师对他的学生很严格。 Herr Li ist sehr streng mit seinen Schülern.

父

拼音	fù
词性	名词（N.）
释义	爸爸（Vater）
搭配	父亲（Vater）；父子（Vater und Sohn）；父母（Eltern）
例句	我爱我的父亲。Ich liebe meinen Vater.

幼

拼音	yòu
词性	形容词（Adj.）
释义	年纪小（jung）
搭配	幼儿园（Kindergarten）；幼稚（kindisch）
例句	幼儿园的小朋友真可爱。Die Kinder im Kindergarten sind so süß.

何

拼音	hé
词性	代词（Pron.）
释义	什么（was）
搭配	何必（warum）；任何（jed-）
例句	任何人都可以参加这个聚会。Jeder kannan dieser Party teilnehmen.

三字经

玉

拼音	yù
词性	名词(N.)
释义	美丽的矿石(Jade，Edelstein)
搭配	玉米(Mais);碧玉(Jaspis，Jade)
例句	这块碧玉可真美啊！Dieses Jadestück ist wirklich schön!

器

拼音	qì
词性	名词(N.)
释义	人才(Talent，eine fähige Person);用具的总称(ein allgemeiner Begriff für Geräte)
搭配	充电器(Ladegerät);成器(zu einem nützlichen Menschen heranwachsen)
例句	我忘了带手机充电器。Ich habe das Ladegerät meines Handys vergessen.

四 日常对话 Dialoge

(一) 今天我有三节课 (Heute habe ich drei Kurse.)

李　华：今天你有几节课？
Lǐ Huá: Jīn tiān nǐ yǒu jǐ jié kè

陈士杰：今天我有三节课。你呢？
Chén Shì jié: Jīn tiān wǒ yǒu sān jié kè. Nǐ ne

李　华：我有四节课。
Lǐ Huá: Wǒ yǒu sì jié kè

陈士杰：对了，宿舍门口有共享单车吗？
Chén Shì jié: Duì le, sù shè mén kǒu yǒu gòng xiǎng dān chē ma

李 华：有两辆。

陈士杰：好的。我骑车去上课。

李 华：我也骑车去上课。

（二）我没有时间（Ich habe keine Zeit.）

刘 芳：昨天的京剧怎么样？

李 华：很有意思。

刘 芳：明天你有时间吗？我们去爬山，好吗？

李 华：不好意思，明天我很忙，恐怕不行。

刘 芳：那后天呢？

李 华：后天我也没有时间。下周可以吗？

刘 芳：可以，我们下周见。

1. 量词（个、节、双、条、辆等）

用法：在现代汉语中，数词不可以和名词直接相连，需要加上相应的量词。

句型：数词＋量词＋名词

例句：五个人

三节课

一双鞋

一条裤子

一辆车

2. 否定副词（不、没）

用法：表否定义，放在谓语动词的前面。

句型：主语＋不/没＋谓语

三字经

例句：他**不**学习。

我**没**做作业。

妈妈**不**喝咖啡。

辨析：

（1）表示动作行为（搭配动词时）

"不"

①倾向于表达个人意愿

例句：昨天是他自己**不**去，不是我们**不**让他去。

②否定经常性行为

例句：她**不**吸烟也**不**喝酒。

"没"

常用作客观叙述，否定某行为已经发生。

例句：我**没**看到你的留言。

（2）表示性质状态（搭配形容词时）

"不"

一般表示否定具有某种性质、状态。

例句：这些苹果**不**红。

"没"

一般表示否定性质、状态发生变化。

例句：这些苹果还**没**红。

（3）表判断、估计或认知时，只能用"不"，不能用"没"

例句：你**不**应该迟到。

我**不**会游泳。

他**不**知道超市在哪里。

1. 写一写（Schreiben）

根据拼音写汉字。

Schreiben Sie die entsprechenden Zeichen nach dem Pinyin auf.

mǔ　　　　　　　　fāng　　　　　　　　yù
＿＿＿亲　　　　　＿＿＿法　　　　　美＿＿＿

2. 连一连(Verbindung)

把右列的汉字与左列的汉字相连组词。

Verbinden Sie die Zeichen in der rechten Spalte mit den Zeichen in der linken Spalte, um eine Phrase zu bilden.

父　　　　　　　义
幼　　　　　　　儿
养　　　　　　　器
正　　　　　　　育
成　　　　　　　亲

3. 填一填(Lücken Füllen)

用适当的汉字填空。

Füllen Sie die folgenden Lücken mit den richtigen Zeichen aus.

(1) 问：明天你有时间吗？
　　 答：明天我很忙，＿＿＿＿时间。
(2) 我不喜欢苹果，我＿＿＿＿吃，谢谢。
(3) 小区里有五十＿＿＿＿车。
(4) 教室里有五＿＿＿＿同学。

4. 排一排(Neuanordnung)

重新排列并组成句子。

Ordnen Sie die Zeichen neu an, um Sätze zu bilden.

(1) ①节　②我　③有　④三　⑤今天　⑥课　（。）

(2) ①也　②时间　③没有　④我　⑤后天　（。）

(3) ①鞋　②双　③好看　④这　⑤真　（！）

5. 变一变(Überarbeitung)

按照要求修改句子。

Überarbeiten Sie die Sätze nach den Anforderungen.

（用"不/没"改为否定式）
(1) 我喜欢爬山。

三字经

（2）他有时间。

_____

（3）这条裙子很好看。

_____

（4）他是一名小学生。

_____

6. 选一选 (Zeichen-Wählen)

选择一个给出的汉字并填入下列句子中。
Wählen Sie ein Zeichen, um die folgenden Sätze auszufüllen.

①不　　　　②没

（1）昨天我们都（　　）去学校。
（2）我（　　）去商场了。你们去吧。
（3）这种饮料（　　）好喝。
（4）我刚才（　　）睡觉。
（5）这件衣服（　　）漂亮。

7. 说一说 (Sprechen)

根据所给场景，编写对话并练习。
Erstellen Sie anhand der gegebenen Situationen Dialoge und üben Sie.

（1）

A：今天你有几节课？
B：今天我有三节课。

明天	五
昨天	四
星期一	两

（2）

A：明天你有时间吗？我们一起去爬山，好吗？
B：不好意思，明天我很忙，恐怕不行。

晚上	打球
后天	吃饭
周末	看电影

孟 子

孟子（约前372—前289），邹国人，中国古代著名思想家、教育家，战国时期（前475—前221）儒家代表人物。他继承并发扬了孔子的思想，提出人性本善，并主张君主施行仁政，认为君主应以爱护人民为先，保障人民权利。他成为仅次于孔子的一代儒家宗师，有"亚圣"之称，与孔子合称"孔孟"。孟子及其门人著有《孟子》一书，书中记载有孟子及其弟子的政治、教育、哲学、伦理等思想观点和政治活动。

南宋（1127—1279）时期，朱熹（1130—1200）将《孟子》列为《四书》之一。直到清朝（1616—1911）末年，该书都被列为科举必考内容。

Mencius (372 v. Chr. - 289 v. Chr.), geboren im Staat Zou, berühmter Philosoph und Erzieher im alten China, war ein Vertreter des Konfuzianismus in der Zeit der Streitenden Reiche (475 v. Chr. - 221 v. Chr.). Er hat die Lehren des Konfuzius übernommen und weiterentwickelt. Mencius vertrat die Ansicht, dass der Mensch von Natur aus gut ist, und sprach sich für eine wohlwollende Herrschaft des Monarchen aus, der in erster Linie das Volk lieben und dessen Rechte schützen sollte. Unter den konfuzianischen Gelehrten gilt er nach Konfuzius als der zweitwichtigste konfuzianische Meister und ist als zweiter Weiser bekannt. Konfuzius und Mencius werden oft gemeinsam als „Kong (孔, Konfuzius) Meng (孟, Mencius)" bezeichnet. Das Buch *Mencius*, das von Mencius und seinen Schülern verfasst wurde, ist eine Sammlung ihrer Gedanken und Ansichten über Politik, Erziehung, Philosophie und Ethik sowie über ihre politischen Aktivitäten. In der südlichen Song-Dynastie (1127 - 1279) führte Zhu Xi (1130 - 1200) *Mencius* als eines der Vier Bücher auf. Bis zum Ende der Qing-Dynastie (1616 - 1911) war *Mencius* stets ein obligatorischer Bestandteil des kaiserlichen Beamtenexamens.

第二篇　孝悌之礼

"百善孝为先"。孝道是中国文化自古提倡的一种美德，是儒家文化的核心思想之一，是中华民族的重要文化传统。中国历代帝王都标榜"以孝治天下"。《三字经》中提到的《孝经》是中国古代儒家学者必读的六经之一。

"悌"指兄弟姐妹的友爱，后指对兄长的敬爱，其重要性仅次于孝。第三课是《三字经》的第二部分，主要讲述孝悌之礼，强调一个人应当在幼年时代就要亲近长辈，敬爱师友，向他们学习为人处世的礼节和应该知晓的道理。作者以黄香、孔融的故事为例教育儿童要懂得感激父母的养育之恩，孝敬父母，友爱兄弟。

Teil II   Etikette der kindlichen Pietät

„Xiao (孝, kindliche Pietät) ist die erste aller Tugenden". Die kindliche Pietät ist eine Tugend, die in China seit der Antike propagiert wird. Sie ist einer der Schlüsselbegriffe der konfuzianischen Kultur und ein wichtiges kulturelles Erbe der chinesischen Nation. Die Monarchen im alten China behaupteten alle, dass ihre „Herrschaft in China durch kindliche Pietät" erfolgt. Der *Klassiker der kindlichen Pietät* ist einer der sechs Klassiker, die die konfuzianischen Gelehrten im alten China lesen mussten.

„Ti (悌, Brüderlichkeit)", bedeutet ursprünglich Geschwisterliebe und bezieht sich auf die Ehrerbietung gegenüber älteren Brüdern, die von den Chinesen nach der kindlichen Pietät als zweitwichtig angesehen wird. Lektion Drei, der zweite Teil vom *Drei Zeichen Klassiker*, spricht hauptsächlich über die Etikette der kindlichen Pietät (und der Brüderlichkeit). Es wird darauf hingewiesen, dass Kinder den Alten nahe stehen, ihre Lehrer und Freunde respektieren und von ihnen soziale Umgangsformen und Verhaltensregeln lernen sollten. In diesem Teil werden die Geschichten von Huang Xiang und Kong Rong als Beispiele angeführt, um den Kindern beizubringen, dass sie ihren Eltern dankbar und treu sein und ihren Brüdern gegenüber freundlich und respektvoll sein sollten.

第三课　孔融让梨

Lektion 3　Kong Rong und die Birne

1. 描红并注音(Zeichnen Sie Striche nach und ergänzen Sie Pinyin)

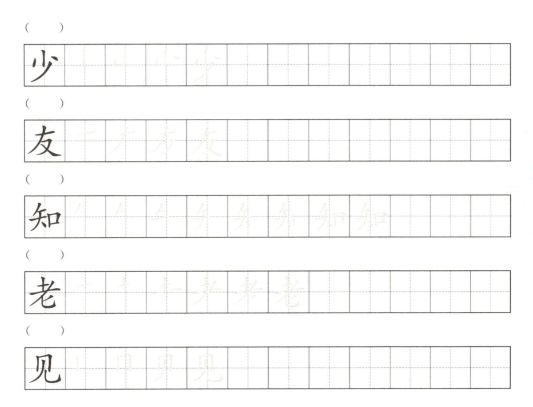

2. 话题导入(Einführung zum Thema)

你觉得兄弟姐妹之间应该互相谦(qiān)让吗？请陈(chén)述(shù)你的理由。

Sind Sie der Meinung, dass man sich gegenüber seinen Geschwistern bescheiden und höflich verhalten sollte? Bitte geben Sie Ihre Gründe an.

三字经

学习原文 Text

Wéi① rén zǐ, fāng shào shí.
为 人 子, 方 少 时。

Qīn② shī yǒu, xí lǐ yí.
亲 师 友, 习 礼 仪。

Xiāng③ jiǔ líng, néng wēn④ xí.
香 九 龄, 能 温 席。

Xiào yú qīn, suǒ dāng zhí⑤.
孝 于 亲, 所 当 执。

Róng sì suì, néng ràng lí.
融 四 岁, 能 让 梨。

Tì yú zhǎng, yí⑥ xiān zhī.
弟 于 长, 宜 先 知。

Shǒu⑦ xiào tì⑧, cì⑨ jiàn wén⑩.
首 孝 弟, 次 见 闻。

1. 注释(Hinweise)

①为：作为(als)。

②亲：亲近(sich annähern)。

③香：东汉人黄香(Huang Xiang in der Östlichen Han－Dynastie)。

④温：使……温暖(warm machen)。

⑤执：执行(ausführen)。

⑥宜：应该(sollte)。

⑦首：为首，首要(erstens)。

⑧弟：同"悌"，指尊重兄长(seine älteren Brüder respektieren)。

⑨次：其次(zweitens)。

⑩见闻：看到或听到的知识(Wissen, das man sieht oder hört)。

2. 原文大意(Paraphrase)

作为儿女，在年纪尚小的时候，

我们应该尊敬老师，友爱朋友，并且认真学习礼仪。

黄香在九岁时就懂得替父母暖被；

孝顺自己的父母，正是子女应当做的事情。

孔融在四岁时就懂得把大梨子让给兄长；

弟弟应该敬爱兄长，这点从小就要知道。

做人要把孝悌放在首位，其次才是增长见识和知识。

亲

拼音	qīn
词性	名词(N.)
释义	有血统或姻亲关系的(blutsverwandt oder verheiratet)
搭配	亲戚,亲人(Verwandte)
例句	他忙着照顾一个年老的亲戚。 Er ist damit beschäftigt, einen alten Verwandten zu betreuen.

首

拼音	shǒu
词性	名词（N.）
释义	头,脑袋(Kopf);最先,最早(anfänglich)
搭配	首先(erstens)
例句	首先,你应该完成你的家庭作业。 Erstens solltest du deine Hausaufgaben erledigen.

香

拼音	xiāng
词性	形容词(Adj.)
释义	(气味)好闻(跟"臭"相对)（gutriechend, guter Geruch, Antonym von „stinkend", „schlechter Geruch"）
搭配	香味(Duft);香蕉(Banane)
例句	玫瑰花真香啊！Wie gut die Rosen riechen！

龄

拼音	líng
词性	名词（N.）
释义	泛指岁数，年数（Alter）
搭配	年龄（Alter）
例句	他的年龄比我大。Er ist älter als ich.

席

拼音	xí
词性	名词（N.）
释义	用苇篾、竹篾、草等编成的卧具（Eine Klappe aus Schilf, Bambus, Gras usw.）
搭配	草席（Matte）；出席（anwesend sein）
例句	夏天人们会睡在草席上。Im Sommer schlafen die Menschen auf Matten.

执

拼音	zhí
词性	动词（V.）
释义	拿着，掌握（halten）
搭配	执行（durchführen）；固执（hartnäckig）
例句	我要执行这项任务。Ich werde diese Aufgabe durchführen.

梨

拼音	lí
词性	名词(N.)
释义	一种常见水果(eine Art gewöhnlicher Früchte)
搭配	梨子(Birne);梨花(Birnenblüte)
例句	这个梨子又大又甜。Diese Birne ist groß und süß.

四 日常对话 Dialoge

(一) 李华的周末(Li Hua's Wochenende)

李　华：喂,刘芳。你现在在哪里？
Lǐ Huá Wèi, Liú Fāng. Nǐ xiàn zài zài nǎ lǐ

刘　芳：我在家呢。
Liú Fāng Wǒ zài jiā ne

李　华：我们一起去看电影吧。
Lǐ Huá Wǒ men yī qǐ qù kàn diàn yǐng ba

刘　芳：不了,我正在做作业呢。
Liú Fāng Bù le, wǒ zhèng zài zuò zuò yè ne

李　华：好吧,那等你完成作业后我们再去吧。
Lǐ Huá Hǎo ba, nà děng nǐ wán chéng zuò yè hòu wǒ men zài qù ba

刘　芳：好的。
Liú Fāng Hǎo de

(二) 新衣服(Neue Kleidung)

李　华：我买了一件新衣服。
Lǐ Huá Wǒ mǎi le yī jiàn xīn yī fu

刘　芳：多少钱呢？真好看！
Liú Fāng Duō shǎo qián ne Zhēn hǎo kàn

李　华：两百元。
Lǐ Huá Liǎng bǎi yuán

刘　芳：真便宜呀！
Liú Fāng Zhēn pián yi ya

李　华：下次我们可以一起去逛逛。
Lǐ Huá Xià cì wǒ men kě yǐ yī qǐ qù guàng guang

刘　芳：那太好了！
Liú Fāng Nà tài hǎo le

五、语法知识 Grammatik

1. 时间副词(正在)

用法：表示当下进行的动作。

句型：主语＋**正在**＋动词(＋宾语)

例句：我**正在**玩游戏。

　　　他**在**学习(呢)。

　　　小王**在**做什么？

　　　她**正在**睡觉(呢)。

2. 语气副词(真)

用法：程度加深，表示强调。

句型：主语＋动词(＋宾语)＋**真**＋形容词/副词

例句：妈妈做的菜**真**好吃。

　　　这只小狗**真**可爱。

　　　这件衣服**真**漂亮。

　　　这里的景色**真**美丽。

六、课后练习 Übungen

1. 写一写(Schreiben)

根据拼音写汉字。

Schreiben Sie die entsprechenden Zeichen nach dem Pinyin auf.

líng	lí	xiāng
年＿＿＿	＿＿＿子	＿＿＿蕉

2. 连一连(Verbindung)

把右列的汉字与左列的汉字相连组词。

Verbinden Sie die Zeichen in der rechten Spalte mit den Zeichen in der linken Spalte, um eine Phrase zu bilden.

亲	先
出	味
首	席
固	戚
香	执

3. 填一填(Lücken Füllen)

用课文中的汉字填空。

Füllen Sie die folgenden Lücken mit den Zeichen vom Text aus.

(1) 这朵花真_____。

(2) 我们应该_____顺父母。

(3) 爸爸妈妈都是我的_____人。

4. 默一默(Schreiben Sie aus dem Gedächtnis)

根据课文内容填空。

Ergänzen Sie den Text.

为_____子,方_____时。

_____师友,习_____仪。

_____九_____,能_____ _____。

_____于亲,所当_____。

_____四岁,能让_____。

5. 说一说(Sprechen)

根据所给场景,编写对话并练习。

Erstellen Sie anhand der gegebenen Situationen Dialoge und üben Sie.

孝敬父母应该体现在行动上,从小事做起,在日常生活中培养孝敬父母的好品德。请和同学谈谈你是如何孝敬父母的。

延伸学习 Lektüre für erweiterts Lernen

游 子 吟

《游子吟》,由唐代(618—907)诗人孟郊(751—814)创作,是一首关于母爱的诗。诗人即将见到来溧阳与自己同住的

三字经

^{mǔ qīn} ^{Děng dài de shí hou} ^{huí xiǎng qǐ tā měi cì} ^{lí jiā qù jīng chéng kǎo shì qián} ^{mǔ qīn zǒng}
母亲。等待的时候,回想起他每次离家去京城考试前,母亲总
^{shì zuò zài zhú guāng páng wèi zì jǐ féng zhì chū mén yù hán de yī fu} ^{Tā zǒng shì bǎ yī fu féng de}
是坐在烛光旁为自己缝制出门御寒的衣服。她总是把衣服缝得
^{mì mì láo láo} ^{yīn wèi tā xiāng xìn féng de yuè mì} ^{ér zi jiù néng chuān zhe zhè jiàn mǎn hán mā ma zhù}
密密牢牢,因为她相信缝得越密,儿子就能穿着这件满含妈妈祝
^{fú hé ài de yī fu píng ān huí lái} ^{Xiǎng dào zhè lǐ} ^{tā jīn bu zhù tí bǐ xiě xià zhè shǒu shī}
福和爱的衣服平安回来。想到这里,他禁不住提笔写下这首诗:

^{Cí mǔ shǒu zhōng xiàn} ^{yóu zǐ shēn shàng yī}
慈母手中线,游子身上衣。

^{Lín xíng mì mì féng} ^{yì kǒng chí chí guī}
临行密密缝,意恐迟迟归。

^{Shuí yán cùn cǎo xīn} ^{bào dé sān chūn huī}
谁言寸草心,报得三春晖。

DAS LIED EINES REISENDEN, ein Gedicht über mütterliche Liebe, wurde von dem Dichter Meng Jiao (751 – 814) aus der Tang-Dynastie (618 – 907) verfasst. Der Dichter war im Begriff, seine Mutter zu treffen, die zu ihm nach Liyang, einer kleinen Stadt im Osten Chinas, ziehen wollte. Während der Wartezeit erinnerte er sich daran, dass seine Mutter jedes Mal, bevor er das Haus verließ, um die Prüfung für den kaiserlichen Staatsdienst in der Hauptstadt abzulegen, bei Kerzenlicht saß und für ihn Kleidung nähte, damit er sich auf seiner Reise warm anziehen konnte. Sie nähte die Kleidungsstücke immer eng und fest an, denn sie glaubte, je enger sie nähte, desto eher würde ihr Sohn, der die Kleidung mit Segen und Liebe trug, wohlbehalten zurückkehren. In diesem Moment konnte er nicht anders, als dieses Gedicht aufzuschreiben:

„Das Garn in den Händen einer gutherzigen Mutter,

die Kleider für ihren Jungen anfertigt.

Sorgfältig näht und gründlich flickt sie,

aus Furcht vor Verzögerungen,

die ihn zu spät von zu Hause weggehen lassen.

Doch wie viel Liebe hat das zentimeterlange Gras,

für drei Frühlingsmonate im Licht der Sonne?"

第三篇　名物之识

　　一个人既要拥有良好的品德,也要掌握有关自然界和人类社会的知识,这样才能成为有用的人才。第三部分包括第四、五、六、七、八课,以浅显易懂的方式介绍了儿童应首先了解和学习的常用知识,其中包括关于数字、四季、五行和六谷等方面的基本知识,以及自然科学和社会科学知识。

　　通过本部分的学习,学生可以了解我们赖以生存的自然环境及其变化规律,以及为人处世的社会规则。这反映了古人对大自然的观察和认识,是古人长期思考研究的智慧结晶。它有助于儿童更好地欣赏大自然并与其和谐共处;同时也有利于儿童更快地了解社会和融入社会。

Teil Ⅲ Das Wissen über Dinge

Eine Person, die nicht nur Tugenden hat, sondern auch das Wissen über die natürliche Welt und die Gesellschaft besitzt, kann ein Talent sein. Der dritte Teil vom *Drei Zeichen Klassiker*, nämlich die Lektionen 4, 5, 6, 7 und 8, führt in einfacher und leicht verständlicher Sprache in das allgemeine Wissen ein, das ein Kind begreifen sollte, dazu gehören Grundkenntnisse über Zahlen, die vier Jahreszeiten, die fünf Elemente des Universums und die sechs Arten von Getreiden sowie weitere wesentliche Kenntnisse über Natur-und Sozialwissenschaften.

Durch das Lernen dieses Teils können die Schüler etwas über die natürliche Umwelt und ihre Veränderungsgesetze sowie über den sozialen Verhaltenskodex lernen. In diesem Teil wird widergespiegelt, wie die Vorfahren die Natur beobachteten und verstanden. Er ist die Frucht der Weisheit der Vorfahren nach ihrem langen Studium der Welt, und kann Kindern dabei helfen, die natürliche Welt besser zu schätzen und in Harmonie mit ihr zu leben sowie die Gesellschaft zu verstehen und sich in sie einzufügen.

第四课　知某数

Lektion 4　Verständnis von Zahlen

1. 描红并注音(Zeichnen Sie Striche nach und ergänzen Sie Pinyin)

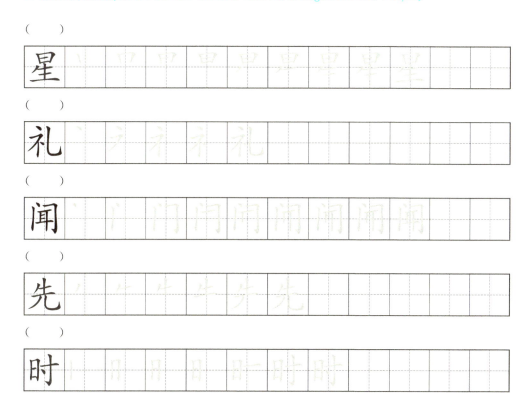

2. 话题导入(Einführung zum Thema)

练习用汉语数数，比如从一数到十。

Versuchen Sie, die Zahlen von 1 bis 10 auf Chinesisch zu zählen.

三字经

Zhī mǒu① shù, shí mǒu wén。
知 某 数， 识 某 文。

Yī ér shí, shí ér bǎi。
一 而 十， 十 而 百。

Bǎi ér qiān, qiān ér wàn。
百 而 千， 千 而 万。

Sān cái zhě, tiān dì rén。
三 才 者， 天 地 人。

Sān guāng zhě, rì yuè xīng。
三 光 者， 日 月 星。

Sān gāng② zhě, jūn chén yì。
三 纲 者， 君 臣 义。

Fù zǐ qīn, fū fù shùn。
父 子 亲， 夫 妇 顺。

1. 注释(Hinweise)

①某：任意一个或者特指的一个(irgend-)。

②纲：规则(Vorschriften)。

2. 原文大意(Paraphrase)

我们要学习数学知识，认读文字、文章。

能够从一数到十，知道十个十相加成百，

十个百为一千，十个千为一万。

"三才"指天、地、人，

"三光"指太阳、月亮、星辰。

"三纲"指君臣礼义，就是君王与臣子的言行要合乎义理。

父母与子女之间要相亲相爱；夫妻之间要互相尊重、和睦相处。

| 某 | 一 | 十 | 廿 | 甘 | 甘 | 甘 | 苴 | 苴 | 某 |

拼音	mǒu
词性	代词(Pron.)

释义	代指不明确的或特定的人、地、事、物（irgendjemand，irgendwo，irgendwas）
搭配	某人（irgendjemand）；某天（eines Tages）
例句	某天，他离开了家。Eines Tages verließ er sein Zuhause.

光

拼音	guāng
词性	名词（N.）
释义	光芒（Licht）
搭配	光芒（Licht）；光辉（Glanz）
例句	太阳的光辉无比耀眼。Der Glanz der Sonne ist sehr blendend.

纲

拼音	gāng
词性	名词（N.）
释义	规则（Vorschriften）
搭配	提纲（Gliederung）
例句	写作文前，先列个提纲。Bitte erstellen Sie eine Gliederung, bevor Sie einen Aufsatz schreiben.

夫

拼音	fū
词性	名词（N.）
释义	体力劳动者（Arbeiter）；女子的配偶（Ehemann）
搭配	大夫（Arzt）；丈夫（Ehemann）
例句	她的爷爷是个大夫。Ihr Großvater ist Arzt.

妇

拼音	fù

词性	名词(N.)
释义	妇女(Frau)
搭配	妇女(Frau)
例句	三月八日是国际劳动妇女节。 Der 8. März ist der Internationale Frauentag.

四 日常对话 Dialoge

(一) 商店购物 (Einkaufen im Laden)

陈士杰：你好！我要一本数学本。
Chén Shì jié: Nǐ hǎo Wǒ yào yī běn shù xué běn

收银员：好的。还要别的吗？
Shōu yín yuán: Hǎo de Hái yào bié de ma

陈士杰：再给我两支笔。
Chén Shì jié: Zài gěi wǒ liǎng zhī bǐ

收银员：好的。
Shōu yín yuán: Hǎo de

陈士杰：一共多少钱？
Chén Shì jié: Yī gòng duō shǎo qián

收银员：一共十块钱。
Shōu yín yuán: Yī gòng shí kuài qián

(二) 电话咨询 (Erkundigung am Telefon)

李 华：您好！是王老师吗？
Lǐ Huá: Nín hǎo Shì Wáng lǎo shī ma

王老师：你好！我是。你是哪位？
Wáng lǎo shī: Nǐ hǎo Wǒ shì Nǐ shì nǎ wèi

李 华：老师，我是李华。我想知道您办公室在哪儿？
Lǐ Huá: Lǎo shī wǒ shì Lǐ Huá Wǒ xiǎng zhī dào nín bàn gōng shì zài nǎr
　　　　我有事找您。
　　　　Wǒ yǒu shì zhǎo nín

王老师：行政办公楼302。三楼左转第一间就是。
Wáng lǎo shī: Xíng zhèng bàn gōng lóu Sān lóu zuǒ zhuǎn dì yī jiān jiù shì

李 华：好的，谢谢老师！
Lǐ Huá: Hǎo de xiè xie lǎo shī

王老师：不用谢。
Wáng lǎo shī: Bù yòng xiè

1. 了解人民币

人民币是中华人民共和国的法定货币,其单位为元,辅币单位为角、分。1元等于10角,1角等于10分。目前流通的人民币,主要是1999年、2015年和2019年发行的人民币。口语中通常把"元"说成"块","角"说成"毛"。例如:苹果一斤三块五毛钱;铅笔两块钱一支。

2. 电话号码

中国大部分城市的固定电话号码由7位或8位数字组成;移动电话(俗称手机)的号码由11位数字组成。电话号码通常三位数字或者四位数字一起说。口语中,电话号码中的"1"常读为"yāo"。

例如:我的电话号码是17301595690。

玛丽住在3栋2单元。

王老师的办公室在5楼。

1. 写一写(Schreiben)

根据拼音写汉字。

Schreiben Sie die entsprechenden Zeichen nach dem Pinyin auf.

ér	cái
____ 且	____ 能
zhě	guāng
记 ____	阳 ____
shù	
____ 学	

2. 填一填(Lücken Füllen)

用适当的汉字填空。

Füllen Sie die folgenden Lücken mit den richtigen Zeichen aus.

(1) 他的_____不是很好。

(2) _____照了进来。

(3) 你很有_____。

三字经

3. 连一连(Verbindung)

把右列的汉字与左列的汉字相连组词。

Verbinden Sie die Zeichen in der rechten Spalte mit den Zeichen in der linken Spalte, um eine Phrase zu bilden.

数　　　　　　　　　学
阳　　　　　　　　　字
上　　　　　　　　　光
才　　　　　　　　　能

4. 默一默(Schreiben Sie aus dem Gedächtnis)

根据课文内容填空。

Ergänzen Sie den Text.

知_____,识_____。

_____而_____,_____而_____。

_____而_____,_____而_____。

5. 说一说(Sprechen)

根据所给场景,编写对话并练习。

Erstellen Sie anhand der gegebenen Situationen Dialoge und üben Sie.

你有买过东西吗？能说一说你买了哪些东西,花了多少钱吗？

举例:

刘芳:我昨天去超市买了水果和文具。我买了三只橘子、两支笔和一本本子,一共花了20块钱。

李华:我上周在网上买了一台电脑,花了3000块钱。

陈士杰:我早上在食堂买了一个包子、一个烧卖还有一杯豆浆,一共花了5块钱。

提示:数词＋量词＋名词。

数字文化

中国人喜欢一些数字，也很不喜欢一些数字。中国人喜欢8，因为8的发音像"发"，意味着发财，所以很多带有8的电话号码和车牌号码都卖得很贵；中国人喜欢9，因为9的发音和"久"一样，表示长久。中国人很不喜欢4，因为4的发音和"死"一样，很不吉利。

还有一些数字具备了新的意义。随着近年来网络文化的兴起，6这个数字由于与"溜"谐音，具备了"厉害"的意思，在网络用语中较为流行。在互联网中，1的意思是"赞同""可以""准备好了"。2表示笨、愚蠢，所以骂人时常常会说"你怎么这么2呢？"。3在网络用语中常与2一起用，如2333是在模仿一个人的笑声，即"啊哈哈哈"。5常常连起来用，555指一个人的哭声，因为它在听感上和"呜呜呜"是一样的。

Chinesen bevorzugen einige Zahlen, während sie andere nicht mögen. Sie mögen die Zahl 8 sehr, die wie „发(fā)" klingt, was „ein Vermögen machen" bedeutet. Das ist der Grund, warum so viele Telefonnummern und Autokennzeichen mit der 8 teurer sind. Auch die Zahl 9 ist beliebt, weil sie die gleiche Aussprache wie „久(jiǔ, Ewigkeit)" hat. Die Zahl 4 ist bei Chinesen unbeliebt, weil sie wie „死(sǐ, Tod)" klingt, was sehr unglücklich ist.

Heutzutage haben einige Zahlen neue Bedeutungen erhalten. Mit der Entwicklung und dem Aufschwung der Cyberkultur wird die Zahl 6, die wie „溜(liù, glatt oder ausgezeichnet)" klingt, häufig verwendet, um andere zu loben. Außerdem könnte die Zahl 1 im Internet für „Einverständenis oder Zustimme" stehen, während die Zahl 2 ein wenig beleidigend ist, weil sie „dumm oder blöd" bedeutet. Wenn die Zahl 3 zusammen mit der Zahl 2 verwendet wird, z. B. 2333, imitiert sie das Gelächter „哈哈哈(ha ha ha)". Wenn die Zahl 5 in der Form „555" auftaucht, wird sie normalerweise in Situationen verwendet, in denen man die Bedeutung von Weinen oder Schluchzen ausdrücken möchte.

三字经

第五课　曰春夏

Lektion 5　Frühling und Sommer

1. 描红并注音(Zeichnen Sie Striche nach und ergänzen Sie Pinyin)

(　　)
数

(　　)
者

(　　)
北

(　　)
星

(　　)
文

2. 话题导入(Einführung zum Thema)

你喜欢一年四季中的哪个季节？为什么？
Welche Jahreszeit gefällt Ihnen am besten? Warum?

一 学习原文 Text

Yuē chūn① xià　yuē qiū dōng
曰　春　夏，曰　秋　冬。
Cǐ　sì　shí②　yùn③ bù qióng④
此　四　时，运　不　穷。
Yuē nán⑤ běi　yuē xī dōng
曰　南　北，曰　西　东。
Cǐ　sì　fāng，yìng⑥ hū zhōng
此　四　方，应　乎　中。

1. 注释(Hinweise)

①春、夏、秋、冬：因为地球在绕着太阳运转时，有时面向太阳、有时背向太阳、有时斜向太阳，因此有了四季变化(Frühling, Sommer, Herbst und Winter)。

②四时：四个季节(vier Zeiträume；vier Jahreszeiten)。

③运：运行(laufen)。

④穷：停止(aufhören)。

⑤东、南、西、北：叫作"四方"，指各个方向的位置(Osten, Süden, Westen und Norden)。

⑥应：对应(entsprechen)。

2. 原文大意(Paraphrase)

一年可以分为春季、夏季、秋季和冬季。

这四季不断变化，春去夏来，秋去冬来，循环运行，永不停止。

方向可以分为南方、北方、西方和东方。

这四个方位的正中间对应的是中央。

三 汉字学习 Chinesisches Schriftzeichen

拼音	cǐ
词性	代词(Pron.)
释义	这，这个(dies)
搭配	因此(deshalb)；彼此(einander)

| 例句 | 一整天都在下雨，因此我们只能待在家里。
Es regnet den ganzen Tag, deshalb müssen wir zu Hause bleiben. |

穷

拼音	qióng
词性	动词(V.)
释义	完尽(auslaufen); 缺乏财物(Mangel an Eigentum, arm)
搭配	穷尽(Ende); 贫穷(Armut)
例句	这是一个贫穷的小村子。Dies ist ein armes kleines Dorf.

乎

拼音	hū
词性	语气词(Modalpartikel)
释义	表示疑问或反问，跟"吗"相同 (Es wird verwendet, um eine Frage oder eine rhetorische Frage auszudrücken)
搭配	似乎(scheinen); 几乎(fast)
例句	如果你不提醒我，我几乎忘了这件事。 Ich hätte es fast vergessen, wenn du mich nicht daran erinnert hättest.

四 日常对话 Dialoge

(一) 你喜欢哪个季节？(Welche Jahreszeit magst du?)

Lǐ Huá: Nǐ zuì xǐ huan nǎ ge jì jié
李 华：你最喜欢哪个季节？

Zhāng Lì li: Wǒ zuì xǐ huan dōng tiān
张 丽丽：我最喜欢冬天。

Lǐ Huá: Wèi shén me nǐ xǐ huan dōng tiān
李 华：为什么你喜欢冬天？

Zhāng Lì li: Yīn wèi dōng tiān huì xià xuě suǒ yǐ wǒ xǐ huan dōng tiān nǐ ne
张 丽丽：因为冬天会下雪，所以我喜欢冬天，你呢？

Lǐ Huá: Wǒ hái shì xǐ huan xià tiān
李 华：我还是喜欢夏天。

张丽丽：夏天很热，你为什么喜欢夏天？

李　华：因为夏天我可以去海边度假。

张丽丽：那你不喜欢春天吗？

李　华：那时我都在学校上课，我更喜欢放假。

(二) 你需要吃什么？（Was möchtest du essen?）

刘　芳：下课了。我去餐厅吃饭，一起去吗？

陈士杰：我很累，还是不去了。

刘　芳：那我帮你买些吃的，好吗？

陈士杰：哇，谢谢你，我需要一个汉堡。

刘　芳：可以的，你还需要喝的吗？牛奶或橙汁？

陈士杰：有可乐或矿泉水吗？

刘　芳：应该有。我帮你买过来。

陈士杰：真是太感谢你了。

五、语法知识 Grammatik

1. 程度副词（最）

用法：表示在程度上达到极点。

句型：**最**＋形容词/副词

例句：我**最**喜欢小狗。

　　　健康**最**重要。

　　　这里是我见过**最**美的地方。

2. 连词（因为……所以……）

用法：因果关系

句型：**因为**＋（说明）原因，**所以**＋（所产生的）结果例句:**因为**爸爸妈妈是我最亲的人,**所以**我最爱他们。
　　　因为她一直努力学习,**所以**她取得了好成绩。
　　　因为他生病了,**所以**他没有来上课。

1. 写一写(Schreiben)

根据拼音写汉字。

Schreiben Sie die entsprechenden Zeichen nach dem Pinyin auf.

cǐ　　　　　　　　　　　yùn
因____　　　　　　　　____输

qióng　　　　　　　　　hū
贫____　　　　　　　　几____

2. 连一连(Verbindung)

把右列的汉字与左列的汉字相连组词。

Verbinden Sie die Zeichen in der rechten Spalte mit den Zeichen in der linken Spalte, um eine Phrase zu bilden.

夏　　　　　　　　尽
似　　　　　　　　季
穷　　　　　　　　乎
彼　　　　　　　　此

3. 填一填(Lücken Füllen)

按照要求填空。

Füllen Sie die folgenden Lücken aus.

①此的第五笔是_____。
②穷的第六笔是_____。
③与北相对的是_____。
④天气炎热,_____我们决定今天就在家里不出门了。
⑤她是我见过_____美丽的女孩子了。
⑥虽然他自己很_____,但是他经常为别人捐款。
⑦今天研究中国历史的人_____都来自这个组织。

4. 说一说(Sprechen)

根据所给场景,编写对话并练习。

Erstellen Sie anhand der gegebenen Situation Dialoge und üben Sie.

每个国家的不同季节都有各具特色的风景,说说你的国家最美的季节。

二十四节气

节气指二十四个时节和气候,是中国古代订立的一种用来指导农事的补充历法,是中华民族劳动人民长期经验的积累成果和智慧的结晶。二十四节气的命名反映了季节、物候现象和气候变化三种。反映季节的是立春、春分、立夏、夏至、立秋、秋分、立冬、冬至,又称八位;反映物候现象的是惊蛰、清明、小满、芒种;反映气候变化的是雨水、谷雨、小暑、大暑、处暑、白露、寒露、霜降、小雪、大雪、小寒、大寒。

Die Jahreseinteilungen(节气,Jieqi)beziehen sich auf 24 Jahresabschnitte und Klimaänderungen in einem Jahr. Es handelt sich um einen zusätzlichen Kalender, nach dem die Landwirtschaft im alten China angeleitet wurde. Er ist die Frucht der Erfahrungen und der Weisheit des chinesischen Volkes, die sich aus der altehrwürdigen Geschichte der Landwirtschaft ergibt. Diese Jahreseinteilungen widerspiegeln die Wechsel der Jahreszeiten, die Veränderungen der Phänologie und die Klimaveränderungen.

Die Jahreseinteilungen, die sich auf die Jahreszeiten beziehen, sind Frühlingsanfang, Frühlingstagundnachtgleiche, Sommeranfang, Sommerankunft, Herbstbeginn, Herbsttagundnachtgleiche, Winterbeginn und Winterankunft. Sie werden auch als „Bawei(八位,acht Positionen)" bezeichnet. Die Jahreseinteilungen, die die Phänologie betreffen, sind Erwachen der Insekten, Helles Licht, Ährenbildung und Ährenzeit. Die Jahreseinteilungen, die sich auf Klimaveränderungen beziehen, sind Regenwasser, Getreideregen, Kleine Hitze, Große Hitze, Ende der Hitze, Weißer Tau, Kalter Tau, Fallender Reif, Mäßiger Schnee, Großer Schnee, Mäßige Kälte und Große Kälte.

三字经

第六课　日水火

Lektion 6　Wasser und Feuer

1. 描红并注音(Zeichnen Sie Striche nach und ergänzen Sie Pinyin)

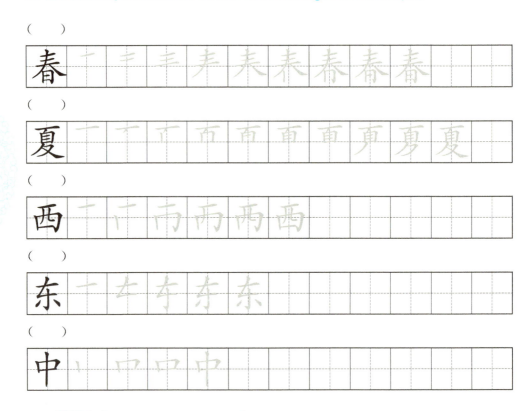

2. 话题导入(Einführung zum Thema)

在你的国家,人们比较喜爱哪些动物？请说说理由。

Welche Tiere mögen die Menschen in Ihrem Land am liebsten? Bitte geben Sie die Gründe an.

一、学习原文 Text

第六课 曰水火

Yuē shuǐ huǒ, mù jīn tǔ
曰 水 火, 木 金 土。

Cǐ wǔ xíng①, běn hū shù
此 五 行, 本 乎 数。

Yuē rén yì, lǐ zhì xìn
曰 仁 义, 礼 智 信。

Cǐ wǔ cháng②, bù róng wěn
此 五 常, 不 容 紊。

Dào liáng③ shū④, mài shǔ⑤ jì⑥
稻 粱 菽, 麦 黍 稷。

Cǐ liù gǔ, rén suǒ shí
此 六 谷, 人 所 食。

Mǎ niú yáng, jī quǎn shǐ⑦
马 牛 羊, 鸡 犬 豕。

Cǐ liù chù⑧, rén suǒ sì
此 六 畜, 人 所 饲。

1. 注释(Hinweise)

①五行:指金、木、水、火、土,中国古代哲学家用五行理论来说明世界万物的形成及其相互关系(Fünf Elemente: Gold, Holz, Wasser, Feuer und Erde)。

②五常:仁、义、礼、智、信,指人应该拥有的五种最基本的品格和德行(Fünf grundlegende Eigenschaften: Wohlwollen, Gerechtigkeit, Angemessenheit, Weisheit und Vertrauen)。

③粱:古代指品种特别好的谷子,去皮后被称为"小米"(Sorghum)。

④菽:豆类的总称(Bohnen)。

⑤黍:一种农作物,去皮后被称为"黄米"(Hirse)。

⑥稷:又称粟,即小麦;或五谷的总称(Getreide)。

⑦豕:指猪(Schwein)。

⑧六畜:古人常养的六种动物,即马、牛、羊、猪、狗、鸡(Sechs Tiere, die von den alten Chinesen gezähmt und gezüchtet wurden: Pferd, Rind, Schaf, Schwein, Hund und Huhn)。

2. 原文大意(Paraphrase)

五行指金、木、水、火、土。
世界万物都由最基本元素经过组合变化形成。

五常指仁、义、礼、智、信。

每个人都应该遵守这五条法则,不容许违背紊乱。

水稻、小米、大豆、小麦、黏谷与高粱,合称为六谷。

它们是人类生存所需的主食。

马、牛、羊、鸡、狗和猪,合称六畜。

它们是人类驯服和饲养的六种动物。

三 汉字学习 Chinesisches Schriftzeichen

拼音	mù
词性	名词(N.)
释义	树(Baum);木制品(Holzprodukte)
搭配	木头(Holz)
例句	木头在水里不会沉下去。Holz sinkt nicht im Wasser.

拼音	jīn
词性	名词(N.)
释义	金属(Metall);钱(Geld)
搭配	现金(Bargeld)
例句	带大量的现金在身上不安全。 Es ist nicht sicher, viel Bargeld mit sich zu führen.

拼音	tǔ
词性	名词(N.)
释义	尘土(Staub);土地(Land);国土(Territorium)
搭配	土地(Land);土豆(Kartoffel)

例句	农民们离不开他们的土地。 Landwirte können ihr Land nicht verlassen.

智

拼音	zhì
词性	名词(N.);形容词(Adj.)
释义	智力(Intelligenz);聪明(intelligent)
搭配	智慧(Weisheit)
例句	读书能开启智慧的大门。Lesen öffnet die Tür zur Weisheit。

容

拼音	róng
词性	动词(V.);名词(N.)
释义	允许(erlauben);相貌(Aussehen)
搭配	内容(Inhalt);容易(einfach);形容(beschreiben)
例句	她不知道该如何形容这片花园有多美。 Sie wusste nicht, wie sie beschreiben sollte, wie schön dieser Garten war.

羊

拼音	yáng
词性	名词(N.)
释义	人类家畜的一种(Schaf)
搭配	羊毛(Wolle);小羊(Schäflein)
例句	她的围巾是羊毛做的。Ihr Schal ist aus Wolle.

四 日常对话 Dialoge

（一）天气（Wetter）

李华：刘芳，你怎么穿得这么厚？
Lǐ Huá: Liú Fāng, nǐ zěn me chuān de zhè me hòu

刘芳：要降温了，今天的气温比昨天低10度。
Liú Fāng: Yào jiàng wēn le, jīn tiān de qì wēn bǐ zuó tiān dī 10 dù

李华：难怪你穿的比昨天多。
Lǐ Huá: Nán guài nǐ chuān de bǐ zuó tiān duō

刘芳：你也多穿几件衣服吧。听说明天比今天更冷。
Liú Fāng: Nǐ yě duō chuān jǐ jiàn yī fu ba. Tīng shuō míng tiān bǐ jīn tiān gèng lěng

李华：真的吗？
Lǐ Huá: Zhēn de ma

刘芳：真的，我刚看了天气预报。
Liú Fāng: Zhēn de, wǒ gāng kàn le tiān qì yù bào

李华：那我要回家换衣服了。
Lǐ Huá: Nà wǒ yào huí jiā huàn yī fu le

（二）倒霉的一天（Ein Pechtag）

李华：你怎么不开心？
Lǐ Huá: Nǐ zěn me bù kāi xīn

刘芳：我的自行车被人偷走了。
Liú Fāng: Wǒ de zì xíng chē bèi rén tōu zǒu le

李华：真倒霉，希望小偷早点被抓住。
Lǐ Huá: Zhēn dǎo méi, xī wàng xiǎo tōu zǎo diǎn bèi zhuā zhù

刘芳：是啊，我今天一整天都很倒霉。
Liú Fāng: Shì a, wǒ jīn tiān yī zhěng tiān dōu hěn dǎo méi

李华：还发生了什么事？
Lǐ Huá: Hái fā shēng le shén me shì

刘芳：我的杯子也被我摔坏了。
Liú Fāng: Wǒ de bēi zi yě bèi wǒ shuāi huài le

李华：不要难过，这样你就可以买一只新杯子了。
Lǐ Huá: Bù yào nán guò, zhè yàng nǐ jiù kě yǐ mǎi yì zhī xīn bēi zi le

五 语法知识 Grammatik

1. 比较句（"比"字句）

用法：两个事物的比较。

句型:甲+比+乙+(还/更)+形容词

例句:这件衣服 比 那件衣服 还 贵。

　　　今天　　 比 昨天　　 更 热。

　　　她　　　 比 老师　　 还 高。

2. 被动句

用法:表被动。

句型:主语+被(叫/让)+宾语+动词+其他成分

例句:我的自行车 被 小偷 偷 走了。

　　　我的杯子 叫 弟弟 摔 坏了。

　　　我的衣服 让 风 吹 走了。

　　　我的手机 被 朋友 拿 走了。

课后练习 Übungen

1. 写一写(Schreiben)

根据拼音写汉字。

Schreiben Sie die entsprechenden Zeichen nach dem Pinyin auf.

mù＿＿头　　　　　　　现＿＿jīn

zhì＿＿慧　　　　　　　内＿＿róng

yáng＿＿毛

2. 连一连(Verbindung)

把右列的汉字与左列的汉字相连组词。

Verbinden Sie die Zeichen in der rechten Spalte mit den Zeichen in der linken Spalte, um eine Phrase zu bilden.

一(　)马　　　　　　　匹

一(　)羊

一(　)鸡　　　　　　　只

一(　)牛

一(　)猪　　　　　　　头

三字经

3. 填一填(Lücken Füllen)

用学过的生字组词。

Verwenden Sie die gelernten Wörter, um Wörter zu kombinieren.

金(　　)　　木(　　)　　水(　　)　　火(　　)

羊(　　)　　土(　　)　　智(　　)　　容(　　)

4. 变一变(Überarbeitung)

按照要求修改句子。

Überarbeiten Sie die Sätzenach den Anforderungen.

……比+……还/更+形容词

①妹妹很矮，一米三。弟弟一米二。　　　　弟弟_____

②妈妈工作很忙。　　　　　　　　　　　　爸爸_____

③这件衣服很大。　　　　　　　　　　　　那件衣服_____

④英语很难。　　　　　　　　　　　　　　汉语_____

⑤姐姐很胖，65公斤重。妹妹68公斤重。　　妹妹_____

5. 说一说(Sprechen)

根据所给例子，回答问题。

Beantworten Sie die Fragen anhand des gegebenen Beispiels.

例如：A：你为什么喜欢/不喜欢狗？

　　　B：我喜欢狗，因为狗很忠诚，是人类的朋友。

①A：你为什么喜欢/不喜欢牛？

　B：我_____，因为_____。

②A：你为什么喜欢/不喜欢羊？

　B：我_____，因为_____。

③A：你为什么喜欢/不喜欢猪？

　B：我_____，因为_____。

七 延伸学习

Lektüre fürerweiterts Lernen

六　畜

Gǔ shí hou　wǒ men de zǔ xiān gēn jù xū yào xuǎn zé sì yǎng xùn huà le yī xiē dòng wù
古时候，我们的祖先根据需要选择饲养驯化了一些动物。
Jīng guò màn cháng de suì yuè　tā men zhú jiàn chéng wéi jiā chù　Yīn wèi yī gòng yǒu mǎ　niú
经过漫长的岁月，它们逐渐成为家畜。因为一共有马、牛、

yáng jī gǒu hé zhū liù zhǒng suǒ yǐ chēng wéi liù chù　Mǎ shì gǔ dài zhàn zhēng hé jiāo tōng
羊、鸡、狗和猪六种，所以称为六畜。马是古代战争和交通
de zhòng yào gōng jù　niú chéng dān tǐ lì láo dòng　shì rén men shēng chǎn de hǎo bāng shǒu
的重要工具；牛承担体力劳动，是人们生产的好帮手；
yáng xìng gé wēn shùn　zài gǔ dài xiàng zhēng jí xiáng rú yì　jī néng bào xiǎo　zhū néng shí
羊性格温顺，在古代象征吉祥如意；鸡能报晓；猪能食
yòng　gǒu néng bāng rén shòu liè hé kān jiā hù yuàn　Tā men dōu shì rén lèi de hǎo bāng shǒu
用；狗能帮人狩猎和看家护院。它们都是人类的好帮手。

In der Antike zähmten die chinesischen Vorfahren einige Tiere entsprechend ihren Bedürfnissen. Nach einer langen Zeit wurden diese Tiere allmählich zu Nutztieren. Da es sechs Arten von solchen Tieren gibt，nämlich Pferd、Rind、Schaf、Huhn、Hund und Schwein，werden sie Liu Chu（六畜，sechs Nutztiere）genannt. Das Pferd ist wichtig für Transport und Krieg；das Rind arbeitet auf dem Feld und ist ein großer Helfer auf dem Bauernhof；das Schaf ist gutmütig und ein glückverheißendes Symbol；der Hahn（das Huhn）kräht am Morgen und ruft die Menschen zum Aufstehen；das Schwein versorgt die Menschen mit Fleisch；und der Hund hilft den Menschen bei der Jagd und bewacht ihre Häuser. Sie alle sind gute Helfer für die Menschheit.

第七课　曰喜怒

Lektion 7　Emotionen

1. 描红并注音(Zeichnen Sie Striche nach und ergänzen Sie Pinyin)

2. 话题导入(Einführung zum Thema)

请说说自己国家或民族的乐器。

Bitte sprechen Sie über die Musikinstrumente Ihres eigenen Landes oder Ihrer Nation.

Yuē	xǐ	nù	yuē	āi	jù
曰	喜	怒	，曰	哀	惧 。

Ài	wù①	yù	qī	qíng②	jù③
爱	恶	欲	，七	情	具 。

Páo	tǔ	gé	mù	shí	jīn
匏	土	革	，木	石	金 。

Sī	yǔ	zhú	nǎi	bā	yīn④
丝	与	竹	，乃	八	音 。

1. 注释（Hinweise）

①恶：憎恨（hassen）。

②七情：七种感情或情绪，指喜、怒、哀、惧、爱、恶、欲（Emotionen）。

③具：具备（mit etwas ausgestattet sein）。

④八音：中国古代对乐器的统称，通常由金、石、丝、竹、匏、土、革、木八种不同材质所制（Sammelbegriff für Musikinstrumente im alten China）。

2. 原文大意（Paraphrase）

高兴和生气，哀伤和害怕，

喜爱、厌恶和欲望，是人生来具有的七种情感。

匏笙、陶埙、皮鼓、木柷、石磬和金钟，

再加上琴瑟和笛箫，这八类乐器统称八音。

革

拼音	gé
词性	名词（N.）
释义	加工去毛的兽皮（Leder）；革制的鼓乐器（Trommel）；人的皮肤或动植物表层组织（Haut）
搭配	皮革（Leder）
例句	这双鞋是由皮革制成的。Dieses Paar Schuhe ist aus Leder gefertigt.

三字经

恶

拼音	wù
词性	动词(V.)
释义	讨厌(ekeln);憎恨(hassen)
搭配	厌恶(hassen, satt haben)
例句	大多数人都十分厌恶战争。 Die meisten Menschen haben den Krieg gründlich satt.

具

拼音	jù
词性	动词(V.)
释义	备有(mit etwas ausgestattet sein)
搭配	具备(haben, besitzen)
例句	老师应该具备大量的知识。Ein Lehrer sollte viel Wissen haben.

石

拼音	shí
词性	名词(N.)
释义	中国古代乐器八音之一(eines der acht alten chinesischen Musikinstrumente);岩石(Felsen)
搭配	石头(Stein)
例句	他的爱好是收集漂亮的石头。 Sein Hobby ist das Sammeln schöner Steine.

与

拼音	yǔ
词性	介词(Präp.)

释义	和（und）
搭配	与人为善（freundlich zu anderen sein）；与其（anstatt）
例句	与人为善是一种美德。Freundlich zu anderen zu sein ist eine Tugend.

竹

拼音	zhú
词性	名词（N.）
释义	中国古代乐器八音之一（eines der acht alten chinesischen Musikinstrumente）；常绿多年生植物（Bambus）
搭配	竹子（Bambus）
例句	大熊猫爱吃竹子。Pandas fressen gerne Bambus.

四 日常对话 Dialoge

（一）乘坐出租车（Ein Taxi nehmen）

司机：您要去哪里？
Sī jī: Nín yào qù nǎ lǐ?

李华：我想要去机场。
Lǐ Huá: Wǒ xiǎng yào qù jī chǎng.

司机：好的，请您系好安全带。
Sī jī: Hǎo de, qǐng nín jì hǎo ān quán dài.

李华：麻烦您开快一点儿，我可能要迟到了。
Lǐ Huá: Má fan nín kāi kuài yī diǎnr, wǒ kě néng yào chí dào le.

司机：先生，这已经是最快的速度了。
Sī jī: Xiān sheng, zhè yǐ jīng shì zuì kuài de sù dù le.

李华：好的，谢谢。
Lǐ Huá: Hǎo de, xiè xie.

司机：先生，到机场了，请您下车。
Sī jī: Xiān sheng, dào jī chǎng le, qǐng nín xià chē.

李华：这是给您的钱，麻烦您开一下后备箱，我拿一下行李。
Lǐ Huá: Zhè shì gěi nín de qián, má fan nín kāi yī xià hòu bèi xiāng, wǒ ná yī xià xíng li.

司机：好的，祝您旅途愉快。
Sī jī: Hǎo de, zhù nín lǚ tú yú kuài.

(二) 餐厅点餐 (Im Restaurant Essen bestellen)

服务员：欢迎光临，请问您想吃点什么？
Fú wù yuán: Huān yíng guāng lín, qǐng wèn nín xiǎng chī diǎn shén me

李　华：给我一份牛排和一杯橙汁。
Lǐ Huá: Gěi wǒ yī fèn niú pái hé yī bēi chéng zhī

服务员：好的，请问还需要别的吗？
Fú wù yuán: Hǎo de, qǐng wèn hái xū yào bié de ma

李　华：不用了，谢谢。请问这里可以使用支付宝吗？
Lǐ Huá: Bù yòng le, xiè xie. Qǐng wèn zhè lǐ kě yǐ shǐ yòng zhī fù bǎo ma

服务员：可以的，请到柜台扫二维码支付。
Fú wù yuán: Kě yǐ de, qǐng dào guì tái sǎo èr wéi mǎ zhī fù

李　华：好的，谢谢您。
Lǐ Huá: Hǎo de, xiè xie nín

服务员：不用谢。
Fú wù yuán: Bù yòng xiè

五 语法知识 Grammatik

1. 可能、会

用法：都表示推测，"会"表示主观意愿，语气更强，发生的可能性更大。

句型：**可能/会**＋动词短语

例句：我**会**坐高铁去南京。（注：确定坐高铁）

　　　我**可能**坐汽车去南京。（注：可能坐高铁，也可能坐飞机或其他交通工具）

2. 应该

用法：表示情理上必然或必须如此。

句型：**应该** ＋ 动词短语

例句：我们**应该**把垃圾捡起来。

　　　学生**应该**好好学习。

　　　每个人都**应该**珍惜时间。

六 课后练习 Übungen

1. 写一写 (Schreiben)

根据拼音写汉字。

Schreiben Sie die entsprechenden Zeichen nach dem Pinyin auf.

gé	wù	jù	shí	yǔ	zhú
皮___	厌___	___备	___头	___其	___子

2. 连一连(Verbindung)

把右列的汉字与左列的汉字相连组词。

Verbinden Sie die Zeichen in der rechten Spalte mit den Zeichen in der linken Spalte, um eine Phrase zu bilden.

发　　　　　　　　土
感　　　　　　　　情
国　　　　　　　　怒
赠　　　　　　　　毒
恶　　　　　　　　绸
丝　　　　　　　　音
声　　　　　　　　与

3. 填一填(Lücken Füllen)

用给定的词填空。

Füllen Sie die folgenden Lücken mit den richtigen Wörtern aus.

　　　　石头　　厌恶　　具备　　与其　　皮革　　竹子

(1) 这种_____又好看又坚韧。

(2) 公共场合抽烟是一种让人_____的行为。

(3) 诚实是一个人应该_____的美德。

(4) 他真是个大力士,轻而易举地搬走了一块大_____。

(5) _____浪费时间,不如做些有意义的事情。

(6) 诗人把_____比作洁身自好的君子。

4. 猜一猜(Raten)

(1) 二个。(打一汉字)

(2) 黯然失色。(打一汉字)

(3) 半是欢娱半是愁。(打一汉字)

5. 默一默(Schreiben Sie aus dem Gedächtnis)

根据课文内容填空。

Ergänzen Sie den Text.

曰喜_____,曰哀惧。

爱_____欲,七情_____。

匏土＿＿＿＿，木＿＿＿＿金。
＿＿＿＿与＿＿＿＿，乃＿＿＿＿＿＿＿＿。

6. 说一说(Sprechen)

根据所给场景，编写对话并练习。
Erstellen Sie anhand der gegebenen Situation Dialoge und üben Sie.
请说一说自己学习乐器或者跟乐器有关的经历。

七 延伸学习 Lektüre fürerweiterts Lernen

中国传统拉弦乐器二胡从唐朝（618—907）出现到现在已有一千多年历史。它最早出现于中国古代北部地区的一个少数民族，被称为"奚琴"。二胡在宋朝（960—1279）时期被称为"嵇琴"，到了近代被更名为二胡。

二胡名曲《二泉映月》是中国民间音乐家华彦钧（阿炳）的代表作。这首由二胡演奏的民间乐曲传达的是一位饱尝人间辛酸和伤感怆然的盲艺人的内心情感，并寄托了阿炳对生活的热爱和憧憬。《二泉映月》展示了独特的民间演奏技巧与风格，以及忧伤而又深邃的意境，显示了中国二胡艺术的独特魅力和表现力，曾获"20世纪华人音乐经典作品奖"。

Erhu, ein traditionelles chinesisches Saiteninstrument, hat eine mehr als tausendjährige Geschichte seit seinem Erscheinen in der Tang-Dynastie (618-907). Damals war es als Xiqin bekannt und wurde zuerst von einer Minderheitengruppe im Norden Chinas gespielt. Es wurde später während der Song-Dynastie (960 – 1279) Jiqin genannt und in der Neuzeit in Erhu umbenannt. Die berühmte Erhu-Melodie „Der Mond spiegelt sich in der Zweiten Quelle wider" ist das repräsentative Werk des chinesischen Volksmusikers Hua Yanjun (A Bing).

Diese von der Erhu gespielte Volksmusik vermittelt die inneren Gefühle eines blinden Künstlers, A Bing, der unter menschlichem Kummer gelitten hat. Seine Liebe und Vision für das Leben Seine Liebe und Vision für das Leben wurdens ebenfalls widergespielt. „Der Mond spiegelt sich in der Zweiten Quelle wider" zeigt nicht nur die einzigartigen Kunstfertigkeiten und den Stil der volkstümlichen Darbietung, sondern auch eine melancholische und tiefgründige künstlerische Konzeption. Weil dieses Stück den einzigartigen Charme und die Ausdruckskraft der Erhu-Kunst demonstriert, ist es mit dem „Preis für die chinesische klassische Musik des 20. Jahrhunderts" ausgezeichnet.

三字经

第八课　　高曾祖

Lektion 8　Ur-ur-Großvater

1. 描红并注音(Zeichnen Sie Striche nach und ergänzen Sie Pinyin)

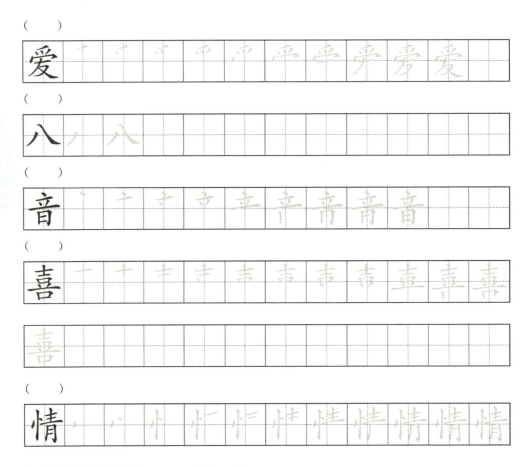

2. 话题导入(Einführung zum Thema)

您了解您的家族以及家族史吗？

Was wissen Sie von Ihrer Großfamilie und ihrer Geschichte?

一 学习原文 Text

第八课 高曾祖

高①曾②祖，父而身。
身而子，子而孙。
自子孙，至玄③曾④。
乃九族⑤，人之伦⑥。
父子恩，夫妇从⑦。
兄则友，弟则恭⑧。
长幼序⑨，友与朋。
君则敬，臣则忠。
此十义⑩，人所同。

1. 注释(Hinweise)

①高：高祖，曾祖父的父亲(Ur-ur-Großvater)。

②曾：曾祖，祖父的父亲(Urgroßvater)。

③玄：玄孙，孙辈的孙辈(Ur-ur-Enkel)。

④曾：曾孙，孙辈的子女(Urenkel)。

⑤九族：以自己为本位，上推至四世之高祖，下推至四世之玄孙(Neun Generationen: auf sich selbst bezogen lässt es sich bis zum Urahnen der ersten vier Generationen und bis zum Urenkel der letzten vier Generationen zurückverfolgen)。

⑥伦：人与人之间的道德关系(moralische Beziehungen zwischen Menschen)。

⑦从：顺从，和睦(Gehorsam，Harmonie)。

⑧恭：肃敬；有礼貌(respektvoll)。

⑨序：次序(Rangfolge)。

⑩义：道德关系和行为准则(ethische Beziehungen und Verhaltenskodex)。

2. 原文大意(Paraphrase)

从高祖父、曾祖父、祖父、父亲到我自己。

从自己到儿子，儿子到孙子。

从儿子孙子,再传到曾孙和玄孙。
这就是九族,是人们尊卑长幼的秩序。
父亲和儿子要重视恩情,夫妻之间要和睦。
哥哥对弟弟要友爱,弟弟对哥哥要尊敬。
长辈晚辈要注意长幼次序,朋友之间要讲信用。
君王应尊重臣民,臣民要忠于君王。
人人都要遵守这十种行为准则。

三 汉字学习 Chinesisches Schriftzeichen

拼音	zēng
词性	形容词(Adj.)
释义	中间隔两代的亲属关系（Verwandtschaft durch zwei Generationen getrennt）
搭配	曾祖父(Urgroßvater);曾孙(Urenkel)
例句	曾祖父正在下棋。Der Urgroßvater spielt Schach.

拼音	sūn
词性	名词(N.)
释义	儿子的孩子(Enkel und Enkelin)
搭配	孙子(Enkel);孙女(Enkelin)
例句	他和他的儿子、孙子们在大家庭里过着幸福的生活。 Er lebte ein glückliches Leben mit seinem Sohn und seinen Enkeln in einer großen Familie.

至							

拼音	zhì
词性	介词(Präp.)
释义	到(bis, bis zu)
搭配	至今(bis jetzt);至于(in Bezug auf)
例句	他去年离家,至今没有回来。 Er hat letztes Jahr sein Zuhause verlassen und ist bis jetzt nicht zurückgekommen.

族											

拼音	zú
词性	名词(N.)
释义	家族(Familie);种族(Ethnie)
搭配	民族(Nation)
例句	尊老爱幼是中华民族的传统美德。 Die Alten zu respektieren und sich um die Jungen zu kümmern, ist eine traditionelle Tugend des chinesischen Volkes.

兄					

拼音	xiōng
词性	名词(N.)
释义	哥哥(älterer Bruder)
搭配	兄弟(Brüder)
例句	他们兄弟俩多年未见后又团聚了。 Die beiden Brüder kamen wieder zusammen, nachdem sie sich jahrelang nicht gesehen hatten.

三字经

则

拼音	zé
词性	连词(Konj.);名词(N.)
释义	表示相承关系(nachfolgende Beziehung anzeigend);规则(Regel)
搭配	否则(ansonsten);原则(Prinzip)
例句	我们应遵循规则。Wir sollten die Regel befolgen.

序

拼音	xù
词性	名词(N.)
释义	次序(Rangfolge)
搭配	顺序(Abfolge);秩序(Ordnung)
例句	孩子们按照顺序排队上车。 Die Kinder standen Schlange, um in den Bus zu steigen.

敬

拼音	jìng
词性	动词(V.)
释义	尊敬(respektieren)
搭配	敬爱(respektieren und schätzen);尊敬(Respekt)
例句	每个学生都应该尊敬老师。 Jeder Schüler sollte seinen Lehrer respektieren.

（一）红色的还是黄色的(Rot oder Gelb)

李　　华：我曾祖母快过生日了，我想给她买件衣服。

售货员：你想要什么款式呢？

李　　华：我想要这件长的。

售货员：你想要红色的还是黄色的？

李　　华：我想要红的，因为我曾祖母最喜欢红色。

售货员：那你曾祖母肯定会喜欢的，还要别的吗？

李　　华：不要了，谢谢。这件衣服多少钱？

售货员：三百五十八元。

李　　华：给你钱。

（二）下周就要放寒假了(Nächste Woche sind Winterferien)

刘　　芳：时间过得真快，下周就要放寒假了。

张丽丽：是啊，有什么打算吗？

刘　　芳：我想去哈尔滨旅行。

张丽丽：哈尔滨？现在那儿比我们这儿低十几度。

刘　　芳：听说哈尔滨的冰雕很漂亮，我想去看看。

张丽丽：你想怎么去？

刘　　芳：坐高铁或坐飞机。你的计划呢？

张丽丽：我还没想好。也许去旅行，也许待在家里。

五 语法知识 Grammatik

三字经

1. "的"字短语

用法:相当于省略了中心语的名词短语,用来指代事物。

句型:名词/形容词/代词/动词＋的

例句:

(1) 形容词＋的

——你喜欢红苹果还是黄苹果?

——我喜欢红的。(红的＝红苹果)

——我不喜欢黄的。(黄的＝黄苹果)

(2) 人称代词＋的

这是他的,那是我的。(他的＝他的东西,我的＝我的东西)

(3) 动词＋的

——这是什么?

——这是吃的。(吃的＝吃的东西)

——这是喝的。(吃的＝喝的东西)

2. 时间副词"就"

用法:强调说话人认为事情发生得早,进行得快,过程顺利。

句型:就……(了)

例句:同学们七点半**就**来教室了。

我坐飞机一个小时**就**到北京了。

小明二十分钟**就**到。

六 课后练习 Übungen

1. 写一写(Schreiben)

根据拼音写汉字。

Schreiben Sie die entsprechenden Zeichen nach dem Pinyin auf.

zēng	zhì	zú	jìng
____孙	____今	民____	____爱

xiōng	zé	xù	
____弟	否____	顺____	

2. 连一连(Verbindung)

把右列的汉字与左列的汉字相连组词。

Verbinden Sie die Zeichen in der rechten Spalte mit den Zeichen in der linken Spalte, um eine Phrase zu bilden.

玄	序
至	父
祖	长
次	孙
兄	今

3. 填一填(Lücken Füllen)

用课文中的汉字填空。

Füllen Sie die folgenden Lücken mit den Zeichen vom Text aus.

(1) 他儿子的孙子是他的_____孙。

(2) 我_____今都忘不了她。

(3) 运动员们按顺_____走过主席台前。

(4) 吃饭之前先洗手,否_____可能会肚子疼。

(5) 他们_____弟俩感情很好。

4. 变一变(Überarbeitung)

按照要求修改句子。

Überarbeiten Sie die Sätze nach den Anforderungen.

"就……了"或"就……"

例如:他晚上8点睡觉。

　　他晚上8点就睡觉了。

(1) 爷爷每天早上5点起床。

_____

(2) 小明4点10分到家。

_____

(3) 飞机10分钟后起飞。

_____

5. 猜一猜(Raten)

(1) 字无盖。(打一汉字)

（2）僧人不露面。（打一汉字）

6. 说一说 (Sprechen)

根据所给场景，编写对话并练习。

Erstellen Sie anhand der gegebenen Situationen Dialoge und üben Sie.

去商店买东西

提示："的"字短语；比；数词；或者 & 还是

五服、六亲与九族

"五服"就是由自己往上推五代，从高祖开始，高祖、曾祖、祖父、父、自己。一般情况下，家里有婚丧嫁娶之事，都是五服之内的人参加。

"六亲"：父亲为一亲（父亲方的亲戚如祖父母、叔伯、姑姑）；母亲为二亲（母亲方的亲戚如外祖父母、舅、姨）；兄弟为三亲（嫂子、弟媳）；姐妹为四亲（姐夫、妹夫）；夫妻为五亲（公婆或岳父岳母）；子女为六亲（媳妇、女婿）。

"九族"泛指亲属。一般指上自高祖、下至玄孙，即玄孙、曾孙、孙、子、己身、父、祖父、曾祖父、高祖父。

„Wufu（五服）" bezieht sich auf Verwandte aus Familien von den fünf Generationen, einschließlich die Generation des Ur-ur-großvaters, die des Urgroßvaters, die des Großvaters, die des Vaters und die eigene Generation. Unter normalen Umständen sind die Angehörigen dieser Großfamilie verpflichtet, an jeder Hochzeit oder Beerdigung eines Familienmitglieds von Wufu teilzunehmen.

„Liuqin（六亲）" bezieht sich auf sechs Kategorien von Verwandten. Die erste Kategorie ist der Vater und die Großeltern, Onkel, Tanten und andere auf seiner Seite; die zweite Kategorie ist die Mutter und die Großeltern, Onkel, Tanten und andere auf ihrer Seite; die dritte Kategorie sind die Brüder und Schwägerinnen; die vierte Kategorie sind die Schwestern und Schwäger; die fünfte Kategorie ist der Ehepartner, d. h. der Ehemann oder die Ehefrau, und Schwiegereltern; und die sechste Kategorie sind die Söhne und Töchter und deren Ehepartner.

„Jiuzu(九族)" kann als allgemeiner Begriff verwendet werden, der sich auf alle Verwandten bezieht. Genau genommen sind damit Angehörige von neun Generationen gemeint, darunter alle Familienmitglieder des eigenen Ur-ur-großvaters, Urgroßvaters, Großvaters, Vaters, sich selbst, des eigenen Sohnes, Enkels, Urenkels und Ur-ur-enkels.

第四篇　传世之典

　　经典是人们获取知识的重要途径。本部分介绍了中国古代重要典籍以及阅读学习它们的方法和顺序。

　　中国古代典籍是中国传统文化的重要组成部分，是了解中华优秀文化的一把钥匙。它们是中国古代先哲在政治、军事、文化、社会、文学、艺术等各领域的智慧结晶。

　　中国古代典籍一般可以分为经、史、子、集四个部分。"经"主要指的是儒家经典著作；"史"指的是记载漫长中国历史中的朝代和重大事件的史书；"子"指的是先秦时期的百家著作；"集"则指的是古代诗词、散文、小说和其他文学作品的汇编。

Teil IV   Klassische Werke

Klassische Werke waren schon immer das wichtigste Mittel für die Menschen, sich Wissen anzueignen. In diesem Teil werden wichtige chinesische Klassische Werke und die Art und Weise, wie man sie liest und studiert, sowie die Leseliste vorgestellt.

Die chinesische Klassischen Werke stellen einen unverzichtbaren Teil der traditionellen chinesischen Kultur dar und sind ein wichtiger Weg zum Verständnis der traditionellen chinesischen Kultur. Sie sind die geistigen Leistungen der alten Chinesen in den Bereichen von Politik, Militär, Kultur, Gesellschaft, Literatur, Kunst usw.

Alte chinesische Klassiker werden im Allgemeinen in vier Kategorien eingeteilt: die Klassiker (经, Jing), die sich hauptsächlich auf die klassischen konfuzianischen Werke beziehen; die Geschichtsbücher (史, Shi), in denen die Dynastien und Ereignisse der langen Geschichte Chinas aufgezeichnet sind; die Philosophen (子, Zi), die sich auf die Schriften von hundert Denkschulen in Vor-Qin-Zeit beziehen; und Anthologien (集, Ji), in denen antiker Poesie, Prosa, Romane und anderer literarischer Werke zusammengestellt werden.

第九课　凡训蒙

Lektion 9　Aufklärung und Bildung

1. 描红并注音(Zeichnen Sie Striche nach und ergänzen Sie Pinyin)

2. 话题导入(Einführung zum Thema)

请介绍一下您的国家的著名儿童读物。

Bitte stellen Sie die berühmten Kinderbücher Ihres Landes vor.

一 学习原文 Text

<table>
<tr><td>Fán</td><td>xùn</td><td>méng①</td><td>xū</td><td>jiǎng②</td><td>jiū③</td></tr>
<tr><td>凡</td><td>训</td><td>蒙,</td><td>须</td><td>讲</td><td>究。</td></tr>
<tr><td>Xiáng④</td><td>xùn</td><td>gǔ</td><td>míng</td><td>jù</td><td>dòu⑤</td></tr>
<tr><td>详</td><td>训</td><td>诂,</td><td>明</td><td>句</td><td>读。</td></tr>
<tr><td>Wéi</td><td>xué</td><td>zhě</td><td>bì</td><td>yǒu</td><td>chū⑦</td></tr>
<tr><td>为</td><td>学</td><td>者,</td><td>必</td><td>有</td><td>初。</td></tr>
<tr><td>Xiǎo</td><td>xué⑧</td><td>zhōng</td><td>zhì</td><td>Sì</td><td>shū⑨</td></tr>
<tr><td>小</td><td>学</td><td>终,</td><td>至</td><td>四</td><td>书。</td></tr>
</table>

1. 注释(Hinweise)

①训蒙:教育儿童(Kinder erziehen)。
　训:教诫;教导(belehren)。
　蒙:蒙昧无知(Ignoranz)。
②讲:讲说;谈论(sprechen)。
③究:研究;探求(erkunden,erforschen)。
④详:细说;细述(ausführlich darstellen)。
⑤句读:古人指文辞休止和停顿处(Interpunktionszeichen)。
⑥为学:做学问(studieren)。
⑦初:指刚开始学习(am Anfang)。
⑧小学:指南宋大儒朱熹与其弟子刘清之合编的《小学》(*Xiaoxue*,eine alte chinesische Fibel,die von Zhu Xi und seinem Schüler Liu Qing in der südlichen Song-Dynastie zusammengestellt wurde)。
⑨四书:朱熹把《论语》《孟子》《大学》《中庸》四本书合称为《四书》(Vier Bücher:Zhu Xi bezeichnete die vier Bücher *Analekten des Konfuzius*,*Mencius*,*Das Große Lernen* sowie *Maß und Mittel* zusammen als die „Vier Bücher")。

2. 原文大意(Paraphrase)

教导刚进入学校的儿童,必须把每个字都讲解透彻。
每句话都解释清楚,每句话的停顿在哪里都让他们明白。
每个读书求学的人都必须打好基础。
先学好《小学》,再研读《四书》。

训

拼音	xùn
词性	动词(V.)
释义	教导(Unterrichten);训诫(Ermahnung)
搭配	教训(jemandem eine Lehre erteilen)
例句	我希望老师能好好教训他一顿。 Ich wünschte, der Lehrer würde ihm eine gute Lehre erteilen.

究

拼音	jiū
词性	动词(V.)
释义	研究(forschen);探求(verfolgen)
搭配	研究(forschen,an etwas arbeiten)
例句	这个问题我们还得好好研究一下。 An diesem Problem müssen wir noch arbeiten.

详

拼音	xiáng
词性	形容词(Adj.)
释义	清楚(klar);详尽(im Detail)
搭配	详细(detailliert)
例句	我们应该详细地阅读课文。Wir sollten den Text im Detail lesen.

终

拼音	zhōng

词性	副词（Adv.）
释义	尽头（Ende）
搭配	终于（schließlich，am Ende）；始终（die ganze Zeit über）
例句	我们终于到达了终点。Endlich haben wir das Ziel erreicht.

（一）旅游过的中国城市（Reiseerlebnisse in China）

李　华：陈士杰，你去过中国的哪些城市？

陈士杰：只去过北京。北京真不错！

李　华：你吃过北京烤鸭吗？

陈士杰：还没有，下次我去尝尝。

李　华：你一定会喜欢的。

陈士杰：我想是的。

（二）汉语学习（Chinesisch lernen）

张丽丽：刘芳，你的汉语说得真好。

刘　芳：没有没有。

张丽丽：你学汉语多久了？

刘　芳：我学汉语两年了。

张丽丽：难怪你说得这么好。

刘　芳：我还有要提高的地方。

1. 过

用法：表示已经发生或曾经有这样的状态。

句型1:动词(V.)+过

例句:他来过中国。

那个电影我看过三遍。

句型2:没(有)+动词(V.)+过

例句:她没去过中国。

他们没来过我家。

句型3:动词(V.)+过+宾语+没有?

例句:他们来过你家没有?

你去过中国没有?

2. 从

用法:引出一段时间、路程或一个事情的经过,表示终点与起点。

句型:从+时间/处所/方向

例句:他从美国来。

一条小河从山下流过。

他从今天起开始运动。

1. 写一写(Schreiben)

根据拼音写汉字。

Schreiben Sie die entsprechenden Zeichen nach dem Pinyin auf.

xùn	jiū	xiáng	zhōng
教____	研____	____细	____于

2. 连一连(Verbindung)

把右列的拼音与左列对应的汉字连线。

Verbinden Sie die Schriftzeichen mit dem richtigen Pinyin.

凡　　　　　　　　　jiū

必　　　　　　　　　fán

初　　　　　　　　　jiǎng

讲　　　　　　　　　chū

究　　　　　　　　　bì

3. 填一填(Lücken Füllen)

用课文中的汉字填空。

Füllen Sie die folgenden Lücken mit den Zeichen vom Text aus.

　　fán　　　　　　　　xū　　　　　　　　chū
____是　　　　　　必____　　　　　　____始

4. 想一想(Nachdenken)

究的第六笔是_____。

详的第七笔是_____。

终的反义词是_____。

5. 默一默(Schreiben Sie aus dem Gedächtnis)

根据课文内容填空。

Ergänzen Sie den Text.

为____者，必有初。

____学终，至____书。

6. 说一说(Sprechen)

根据所给场景，编写对话并练习。

Erstellen Sie anhand der gegebenen Situationen Dialoge und üben Sie.

同学们，可以说一说自己读过或听说过的中国书籍吗？

七 延伸学习 Lektüre für erweiterts Lernen

四 书

　　Sì Shū　shì　Lún yǔ　Mèng zǐ　Dà xué　Zhōng yōng　de hé chēng　Nán Sòng
　　四　书，是《论　语》《孟　子》《大　学》《中　庸》的 合　称。南　宋
　　　　　　　　　　Zhū Xī jiāng　Lǐ jì　zhōng de　Zhōng yōng　Dà xué　liǎng piān wén
（1127—1279）朱熹　将《礼记》中 的《中　庸》《大　学》两　篇　文
zhāng ná chū lái dān dú zuò wéi yī běn shū　yǔ jì lù Kǒng zǐ yán xíng de　Lún yǔ　jì lù
章　拿 出 来 单 独 作 为 一 本 书，与 记 录 孔 子 言 行 的《论 语》、记 录
Mèng zǐ yán xíng de　Mèng zǐ　hé wéi　Sì Shū　　Sì Shū de biān xiě shí jiān jiàn gé cháng dá
孟 子 言 行 的《孟　子》合 为 "四　书"。四 书 的 编 写 时 间 间　隔 长　达

一千八百年。宋元（960—1368）以后，《大学》《中庸》成为学校官方指定教科书和科举考试必读书，对中国古代教育产生了很大的影响。

Vier Bücher ist der Sammeltitel für Analekten des Konfuzius，Mencius，Das Große Lernen und Maß und Mittel．In der südlichen Song-Dynastie (1127 – 1279) wählte Zhu Xi zwei Artikel aus dem Buch der Riten heraus und nannte sie Maß und Mittel bzw． Das Große Lernen．Zusammen mit Analekten des Konfuzius und Mencius werden sie als Vier Bücher bezeichnet．Die Zusammenstellung und Bearbeitung der Vier Bücher erstreckte sich über einen Zeitraum von 1800 Jahren．Nach der Song- und der Yuan-Dynastie（960 – 1368）wurden Das Große Lernen sowie Maß und Mittel zu offiziellen Lehrbüchern und zur Pflichtlektüre bei den kaiserlichen Beamtenprüfungen．Sie hatten einen großen Einfluss auf die Bildung im alten China．

第十课　论语者

Lektion 10　Analekten des Konfuzius

1. 描红并注音(Zeichnen Sie Striche nach und ergänzen Sie Pinyin)

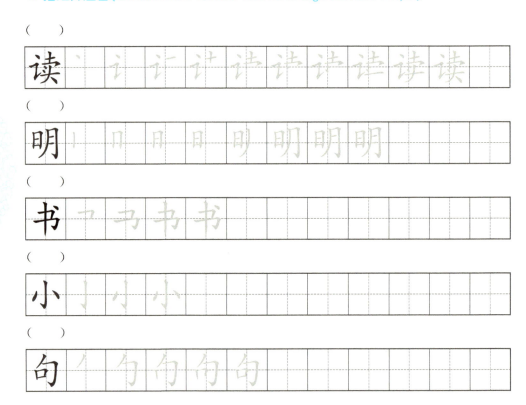

2. 话题导入(Einführung zum Thema)

你小时候读过的印象最深刻的一本书是什么？
Welches ist das beeindruckendste Buch, das Sie als Kind gelesen haben?

一 学习原文 Text

论语者，二十篇。
群弟子，记善言①。
孟子者，七篇止。
讲道德，说仁义。
作中庸，子思②笔。
中不偏③，庸不易。
作大学，乃曾子④。
自修⑤齐⑥，至平⑦治⑧。

1. 注释(Hinweise)

①善言：有益之言；好话(gute Ratschläge)。
②子思：孔伋(Kong Ji，der Enkel des Konfuzius)。
③中不偏：不偏不倚(Mäßigung，Vermeidung von Extremen)。
④曾子：曾参(Zeng Shen，Schüler des Konfuzius)。
⑤修：修身(sich selbst kultivieren)。
⑥齐：治理，这里指治理家族(die Familie verwalten)。
⑦平：平定，这里指平定天下(die Welt befrieden)。
⑧治：治理，这里指治理邦国(das Land regieren)。

2. 原文大意(Paraphrase)

《论语》共分为二十篇。
全部由孔门弟子编写，记录孔子与弟子的言行。
《孟子》共分为七篇。
书中都是关于道德修养和仁义思想的内容。
《中庸》是孔子的孙子子思的作品。
"中"是中正不偏，"庸"是平和不变。
曾子创作了《大学》。
主张人要先修身齐家，然后才能治国平天下。

群

拼音	qún
词性	量词(ZW.);名词(N.)
释义	聚集在一起的人或物、集体(Gruppe, Sammlung)
搭配	人群(die Menge);群众(die Masse)
例句	她消失在人群中。Sie verschwand in der Menge.

止

拼音	zhǐ
词性	动词(V.)
释义	停住(stoppen)
搭配	停止(aufhören);禁止(verbieten)
例句	公共场合禁止吸烟。Das Rauchen ist an öffentlichen Orten verboten.

德

拼音	dé
词性	名词(N.)
释义	优秀的品质(exzellente Qualität)
搭配	道德(Moral);品德(Tugend)
例句	这本书强调了道德的重要性。Das Buch betont die Bedeutung der Moral.

易

拼音	yì
词性	动词(V.);形容词(Adj.)
释义	改变(ändern);交换(wechseln);简单(einfach)
搭配	贸易(Handel);容易(leicht)
例句	学英语不是一件容易的事儿。 Englisch lernen ist keine leichte Aufgabe.

修

拼音	xiū
词性	动词(V.)
释义	兴建(aufbauen);整理(arrangieren)
搭配	修改(ändern)
例句	我们需要修改这份合同。Wir müssen den Vertrag ändern.

齐

拼音	qí
词性	动词(V.);形容词(Adj.)
释义	治理、整治(regieren);同等、相等(gleich)
搭配	整齐(sauber und ordentlich)
例句	他们的房间总是很整齐。 Ihre Zimmer sind immer sauber und ordentlich.

治

拼音	zhì
词性	动词(V.)
释义	治理(regieren)

搭配	统治(Herrschaft);政治(Politik)
例句	国王统治这个国家超过70年了。 Der König regierte das Land über 70 Jahre lang.

四 日常对话 Dialoge

(一)放学离开(Verlassen nach der Schule)

李华：刘芳，教室的门和灯都开着，离开时要记得关灯和关门。

刘芳：好的，我知道了。

李华：今天张丽丽怎么没来？

刘芳：张丽丽生病了，正在宿舍躺着呢！

李华：真的吗？她最好去看看医生。

刘芳：是啊，我打算下课后去看看她。

(二)你吃什么(Was zu essen)

李华：刘芳，你拿的什么啊？这么多！

刘芳：我在超市买的鸡鸭鱼什么的。

李华：你晚饭吃什么呢？

刘芳：我晚饭比较简单，吃什么都可以。你呢？

李华：我不行，我的晚饭很重要。

刘芳：那我们下次一起吃晚饭吧，让我看看你吃什么。

五 语法知识 / Grammatik

1. 着

用法:表示动作在进行或状态在持续。
句型:动词/形容词＋着
例句:门开着,灯亮着。
　　　他笑着走了。

2. 疑问代词(什么)

用法1:用于对事物的指代。
句型:表示东西没有列举完,后加"的"
例句:车里装满了鸡鸭鱼什么的。
用法2:表示任何人任何事物,在所说的范围里没有例外。
例句:他真是个好人,什么都好。
　　　没有耐心的人,什么事都做不好。

六 课后练习 / Übungen

1. 写一写(Schreiben)

根据拼音写汉字。
Schreiben Sie die entsprechenden Zeichen nach dem Pinyin auf.

qún	zhǐ	dé	yì
一____人	停____	道____	贸____

xiū	qí	zhì	
____改	整____	统____	

2. 连一连(Verbindung)

把右列的拼音与左列对应的汉字连线。
Verbinden Sie die Schriftzeichen mit dem richtigen Pinyin.

论　　　　　　　yán
群　　　　　　　píng
记　　　　　　　jì
平　　　　　　　qún
言　　　　　　　lùn

3. 填一填(Lücken Füllen)

用课文中的汉字填空。

Füllen Sie die folgenden Lücken mit den Zeichen vom Text aus.

(1) _____的意思是优秀的品质。

(2) _____的意思是不再做某事。

(3) 我们沿着_____路走就能到学校。

(4) 他要去医院_____病。

4. 想一想(Nachdenken)

德的第五笔是_____。

群的部首是_____。

治的反义词是_____。

5. 默一默(Schreiben Sie aus dem Gedächtnis)

根据课文内容填空。

Ergänzen Sie den Text.

作中庸,子_____笔,中不偏,庸不_____。

作大学,乃曾子,自修_____,至_____治。

6. 说一说(Sprechen)

根据所给场景,编写对话并练习。

Erstellen Sie anhand der gegebenen Situation Dialoge und üben Sie.

请和同学谈一谈你最喜欢的名人。

孔子与《论语》

孔子(前551—前479),孔氏,名丘,鲁国陬邑(今山东曲阜)人,中国古代思想家、教育家、哲学家,儒家学派创始人,被后来的统治者尊称为孔圣人。他的弟子及再传弟子把孔子及其弟子的言行和思想记录下来，整理编成《论语》。该书成书于战国初期，共分为20篇，被看作儒家经典。

Konfuzius (551 v. Chr. - 479 v. Chr.), Kong (孔, Familienname) Qiu (丘, Vorname), wurde in Zouyi (heute Qufu, Provinz Shandong) geboren. Er ist ein großer Denker, Erzieher, Philosoph und Begründer des Konfuzianismus. Spätere Herrscher Chinas nannten ihn ehrfürchtsvoll Konfuzius den Weisen. Seine Schüler und die Schüler seiner Schüler zeichneten die Worte, Taten und Gedanken von Konfuzius sowie seinen Schülern auf und stellten sie in den *Analekten des Konfuzius* zusammen, die in den frühen Jahren der Warring-Staaten fertiggestellt wurden. Sie umfassen 20 Kapitel und gelten seit jeher als der konfuzianische Klassiker.

第十一课　孝经通

Lektion 11　Der Klassiker der kindlichen Pietät

1. 描红并注音(Zeichnen Sie Striche nach und ergänzen Sie Pinyin)

（　）
通

（　）
熟

（　）
号

（　）
讲

（　）
求

2. 话题导入(Einführung zum Thema)

说说您知道的百科全书。

Bitte stellen Sie eine Enzyklopädie vor，die Sie kennen.

<u>Xiào jīng</u>① <u>tōng</u>, <u>sì shū shú</u>。
孝 经 通 ， 四 书 熟 。

<u>Rú liù jīng</u>, <u>shǐ kě dú</u>。
如 六 经 ， 始 可 读 。

<u>Shī shū yì</u>, <u>lǐ chūn qiū</u>。
诗 书 易 ， 礼 春 秋 。

<u>Hào liù jīng</u>②, <u>dāng jiǎng qiú</u>。
号 六 经 ， 当 讲 求 。

<u>Yǒu lián shān</u>③, <u>yǒu guī cáng</u>④。
有 连 山 ， 有 归 藏 。

<u>Yǒu zhōu yì</u>, <u>sān yì</u>⑤ <u>xiáng</u>。
有 周 易 ， 三 易 详 。

<u>Yǒu diǎn</u>⑥ <u>mó</u>⑦, <u>yǒu xùn</u>⑧ <u>gào</u>⑨。
有 典 谟 ， 有 训 诰 。

<u>Yǒu shì mìng</u>, <u>shū zhī ào</u>。
有 誓 命 ， 书 之 奥 。

1. 注释(Hinweise)

①孝经：儒家经典，论述孝道(Der Klassiker der kindlichen Pietät)。

②六经：指六部经典《诗经》《尚书》《礼记》《周易》《春秋》《乐经》(die sechs Klassiker：*Buch der Lieder*，*Buch der Dokumente*，*Buch der Riten*，*Buch der Wandlungen*，*Frühlings-und Herbstannalen* und *Buch der Musik*)。

③连山：是一种已失传的古籍(*Lianshan*，ein verlorenes antikes Buch)。

④归藏：三易之一，相传为黄帝所作(ein Buch, das zu San Yi gehört. Die Legende besagt, dass es von Huangdi—„Gelber Kaiser" verfasst wurde)。

⑤三易：《连山》《归藏》《周易》并称三易(*Lianshan*，*Guicang* und *Zhouyi*—*Buch der Wandlungen* werden kollektiv als San Yi bezeichnet)。

⑥典：《尚书》文体之一，主要记载典章制度(eines der literarischen Genres von dem *Buch der Dokumente*，es zeichnet hauptsächlich Gesetzen und Vorschriften auf)。

⑦谟：《尚书》文体之一，主要记载大臣谋士为君王建言献策的事迹和言辞(eines der literarischen Genres von dem *Buch der Dokumente*，es zeichnet hauptsächlich die Taten und Worte der Minister und Berater des Königs auf)。

⑧训：《尚书》文体之一，记载贤臣劝诫君王的言辞(eines der literarischen Genres von dem *Buch der Dokumente*，es zeichnet die Ermahnungen an den König durch seine tugendhaften Minister auf)。

⑨诰:《尚书》文体之一,记载君王的政令、通告(eines der literarischen Genres von dem *Buch der Dokumente*, es zeichnet die Dekrete und die Ankündigungen des Königs auf)。

2. 原文大意(Paraphrase)

通读《孝经》,熟读《四书》,才可以研读《六经》。

六经包括《诗经》《尚书》《周易》《礼记》《春秋》《乐经》。

它们都是儒家经典,必须仔细品读。

《连山》《归藏》《周易》,合称为"三易",

详细阐述了中国古人有关宇宙间万物变化的知识。

立国原则、治国计划、建言献策、国君通告、起兵文告和国君命令等,

都是《尚书》的内容。

三 汉字学习 Chinesisches Schriftzeichen

始 ㄑ 乊 女 女 女 始 始 始

拼音	shǐ
词性	动词(V.);名词(N.);副词(Adv.)
释义	最初(Beginn, Start)
搭配	开始(beginnen)
例句	他开始学习汉语。Er begann, Chinesisch zu lernen.

诗 丶 亠 讠 计 诈 诗 诗

拼音	shī
词性	名词(N.)
释义	诗歌(Gedicht)
搭配	诗人(Dichter);诗歌(Gedicht)
例句	李白是唐代非常有名的诗人。 Li Bai war ein sehr berühmter Dichter in der Tang-Dynastie.

易								

拼音	yì
词性	形容词(Adj.)
释义	简单(einfach)
搭配	容易(einfach)
例句	这道数学题很容易。Diese Matheaufgabe ist einfach.

连								

拼音	lián
词性	动词(V.);介词(Präp.)
释义	相接(anschließen);就是,既使(sogar)
搭配	连年(über die Jahre hinweg);连……都……(selbst)
例句	连我都不相信这件事是她做的。 Selbst ich glaube nicht, dass sie das getan hat.

归								

拼音	guī
词性	动词(V.)
释义	返回(zurückkehren)
搭配	归还(zurückgeben)
例句	我已经把书归还给他了。 Das Buch habe ich ihm zurückgegeben.

命								

拼音	mìng
词性	名词(N.);动词(V.)
释义	命运(Schicksal);指派,发号(zuweisen)

搭配	生命(Leben)；命令(befehlen)
例句	老板命令他去完成这项任务。 Sein Chef befahl ihm, diese Aufgabe auszuführen.

四 日常对话 Dialoge

(一) 秋游 (Ein Herbstausflug)

李华：今天天气真好。刘芳，我们一起去秋游吧。

刘芳：那太棒了！可不可以喊我的朋友一起？

李华：当然可以。我们要不要骑单车去呢？

刘芳：好呀。可以用手机扫码，很方便。

李华：是的，支付宝给中国人带来很多便利。

刘芳：现在支付宝在国外也慢慢流行起来了呢！

(二) 请不要迟到 (Bitte komm nicht zu spät)

张丽丽：刘芳，请等我一会儿！

刘芳：丽丽，请快点儿，马上上课了。

张丽丽：差一点就迟到了，老师已经来了。

刘芳：在中国，上课要准时，不能迟到。

张丽丽：中国学生基本都是上课之前就已经在教室里了呢。

刘芳：是的，迟到会造成不好的影响。以后请记住不要迟到。

张丽丽：好的，我记住了。

1. 正反疑问句

用法：谓语动词或形容词的肯定形式和否定形式并列构成的疑问句。
句型：主语＋动词＋不＋动词＋宾语？
　　　主语＋形容词＋不＋形容词？
例句：你去不去上海？
　　　你喝不喝牛奶？
　　　你吃不吃早饭？
　　　苹果甜不甜？

2. 祈使句

用法：表示请求的句式。
句型：请＋动词＋其他
例句：请等我一会儿！
　　　请让我进去。
　　　请坐。
　　　请喝茶。

3. 要……了

用法：表示某事将要发生。
句型：要/快要/就要/快＋动词（＋宾语）＋了
如果句子中有时间状语，只能用"就要……了"。
例句：马上要上课了！
　　　快要下雨了！
　　　火车快来了。
　　　明天姐姐们就要走了。

1. 写一写(Schreiben)

根据拼音写汉字。
Schreiben Sie die entsprechenden Zeichen nach dem Pinyin auf.

　　shǐ　　　　　　　shī　　　　　　　yì
开＿＿＿　　　＿＿＿人　　　容＿＿＿

lián	guī	míng
____年	____还	____令

2. 连一连(Verbindung)

把右列的汉字与左列的汉字相连组词。

Verbinden Sie die Zeichen in der rechten Spalte mit den Zeichen in der linken Spalte, um eine Phrase zu bilden.

开	人
诗	始
容	易
连	还
归	年
命	令

3. 填一填(Lücken Füllen)

根据要求填空。

Füllen Sie die folgenden Lücken mit den richtigen Zeichen aus.

连的部首是_____。

归的第二笔是_____。

命的第五笔是_____。

始的部首是_____。

诗的部首是_____。

易的第一笔是_____。

4. 默一默(Schreiben Sie aus dem Gedächtnis)

根据课文内容填空。

Ergänzen Sie den Text.

_____六经，_____可读。

_____书_____，礼春秋。

5. 说一说(Sprechen)

根据所给场景，编写对话并练习。

Formulieren Sie in Absätzen anhand der gegebenen Situation.

中国儒家学派创始人孔子在晚年整理的《诗》《书》《礼》《易》《乐》《春秋》，后人称它们为"六经",这六部古籍并非孔子所作,而是在孔子之前早已存在,为王室贵族所有,孔子仅仅是对它们做了一些整理工作。

请同学们说一说"六经"有哪些?你能不能说出其中一部的主要内容?

《诗 经》

《诗经》是中国古代诗歌的开端,是最早的一部诗歌总集,收集了西周初年至春秋中叶(公元前11世纪—公元前6世纪)的诗歌,共305篇。《诗经》被儒家奉为经典,成为五经之一。《诗经》的作者绝大部分已经无法考证,传为尹吉甫采集、孔子编订,在内容上分为《风》《雅》《颂》三部分,反映劳动与爱情、战争与徭役、压迫与反抗、风俗与婚姻、祭祖与宴会,甚至天象、地貌、动物、植物等方方面面,是当时社会生活的一面镜子。

Das *Buch der Lieder*, eine Sammlung von 305 Volksgedichten und Liedern aus der Zeit von der frühen westlichen Zhou-Dynastie bis zur Mitte der Frühlings- und Herbstperiode (11. Jh. v. Chr. - 6. Jh. v. Chr.), gilt als der Beginn der altchinesischen Poesie und als die früheste Gedichtsammlung. Es wurde von Konfuzianisten für Klassiker gehalten und ist einer der *Fünf Klassiker*. Es ist sehr schwierig, seinen Verfasser zu verifizieren, aber der Legende nach wurde es von Yin Jifu gesammelt und von Konfuzius zusammengestellt und bearbeitet. Inhaltlich lassen sie sich in drei Kategorien einteilen: „Feng (风, Volkslieder)", „Ya (雅, Festlieder)", and „Song (颂, Hymnen)". Sie spiegeln Arbeit und Liebe, Krieg und Wehrpflicht, Unterdrückung und Widerstand, Bräuche und Heirat, Ahnenkult und Festmahl, aber auch Himmelserscheinungen, Landschaften, Tiere und Pflanzen wider. Kurz gesagt, das *Buch der Lieder* spiegelt verschiedene Aspekte des gesellschaftlichen Lebens jener Zeit wider.

第十二课　我周公

Lektion 12　Der Fürst von Zhou

1. 描红并注音（Zeichnen Sie Striche nach und ergänzen Sie Pinyin）

( )
周　丿　几　月　用　用　周　周

( )
公　丿　八　公　公

( )
礼　丶　ㄱ　ㄔ　礻　礼

( )
言　丶　一　宀　言　言　言　言

( )
备　丿　夂　冬　冬　各　备　备　备

2. 话题导入（Einführung zum Thema）

您了解周朝的周公吗？如果不了解，可以谈谈贵国历史上的一位名人。

Wissen Sie etwas über den Fürsten von Zhou aus der Zhou-Dynastie? Wenn nicht, können Sie über eine berühmte Person aus der Geschichte Ihres Landes sprechen.

第十二课 我周公

我周公①，作周礼。
著六官，存②治体。
大小戴③，注礼记。
述圣言，礼乐备④。
曰国风⑤，曰雅颂。
号四诗⑥，当讽⑦咏⑧。
诗既亡，春秋作。
寓⑨褒贬，别善恶。

1. 注释(Hinweise)

①周公:西周周文王的第四个儿子(der Fürst von Zhou, der vierte Sohn vom König Wen aus der westlichen Zhou-Dynastie)。

②存:保存(bewahren)。

③大小戴:西汉礼学家戴圣和他的叔父戴德(Dai Sheng und sein Onkel Dai De, Experten für Ritualstudien aus der westlichen Han-Dynastie)。

④备:完备,详尽(vollständig, detailliert)。

⑤国风:《诗经》的一部分,周初至春秋间各诸侯国的民间诗歌。(Teil vom *Buch der Lieder*, eine Sammlung von Volksgedichten und Liedern verschiedener Fürstenstaaten vom Beginn der Zhou-Dynastie bis zur Frühlings- und Herbstzeit Periode)。

⑥四诗:指《国风》《小雅》《大雅》《颂》(vier Teile vom *Buch der Lieder*, nämlich *Landesübliches Volkslieder*, *Kleine Festlieder*, *Große Festlieder* und *Hymnen*)。

⑦讽:泛指诵读,诵念(vorlesen, aufsagen)。

⑧咏:歌唱;曼声长吟(skandieren)。

⑨寓:寄托(implizieren)。

2. 原文大意(Paraphrase)

周公组织编写《周礼》,把官制分为六种,保存了治理国家的政治体制。

戴德和戴圣被称为"大小戴",他们整理并且注释《礼记》,记述圣人的著作言论,完备礼乐制度。

民间歌谣合称为《国风》,宫廷宴乐为《雅》,又分为"小雅"和"大雅",宗庙祭祀音乐为《颂》。它们合称为"四诗",内容丰富,感情深切,应该会朗诵。

周朝衰落后,《诗经》也跟着被冷落。

孔子编写的《春秋》隐含了对现实政治的褒贬以及对各国善恶行为的分辨。

三 汉字学习 Chinesisches Schriftzeichen

著

拼音	zhù
词性	动词(V.)
释义	写作(schreiben);显出(offenbaren)
搭配	著述(schreiben);编著(kompilieren);著名(bekannt)
例句	他是一位著名的诗人。Er ist ein sehr bekannter Dichter.

官

拼音	guān
词性	名词(N.)
释义	在政府担任职务的人(Beamte);官制(offizielles System)
搭配	官方(offiziell)
例句	公司发表了一则官方声明。 Das Unternehmen gab eine offizielle Erklärung ab.

存

拼音	cún
词性	动词(V.)
释义	保存(bewahren,erhalten)
搭配	保存(bewarhren)

例句	保存这份文件以备查考。 Bewahren Sie dieses Dokument als Referenz auf.

治

拼音	zhì
词性	动词(V.)
释义	管理(verwalten)
搭配	治理(regieren, verwalten)
例句	治理国家是一件很难的事情。 Ein Land zu regieren ist eine schwierige Aufgabe.

戴

拼音	dài
词性	名词(N.);动词(V.)
释义	姓(Familienname);把东西加在头、脸、手等处(sich etwas auf den Kopf, das Gesicht, die Hand usw. legen)
搭配	戴口罩(eine Maske tragen);戴帽子(einen Hut tragen)
例句	她戴了一顶漂亮的帽子。Sie trägt einen schönen Hut.

注

拼音	zhù
词性	动词(V.)
释义	用文字解释(merken, erklären)
搭配	注解(mit Notizen erklären)
例句	李先生对这篇文章进行了注解。 Herr Li erklärte diesen Artikel mit Notizen.

第十二课 我周公

述

拼音	shù
词性	动词（V.）
释义	讲话（reden）；叙说（schildern）
搭配	述说（erzählen）；描述（beschreiben）
例句	他回来向我述说了一切。Er kam zurück und erzählte mir alles.

既

拼音	jì
词性	副词（Adv.）
释义	已经（schon）
搭配	既然（da）
例句	既然他已经来了，就请他进屋吧。Jetzt, da er hier ist, lass ihn rein.

善

拼音	shàn
词性	形容词（Adj.）
释义	心地仁爱，品质淳厚（wohltätig, freundlich）
搭配	善良（gutherzig）
例句	她是一个善良的人。Sie ist ein gutherziger Mensch.

恶

拼音	è
词性	形容词（Adj.）

释义	不好（böse）
搭配	丑恶（hässlich）；恶人（brutaler Mensch）
例句	他是一个恶人。Er ist ein brutaler Mensch.

四 日常对话 Dialoge

（一）你是美国人吗？（Bist du Amerikaner?）

张丽丽：陈士杰，你是老师吗？

陈士杰：我不是老师，我是学生。

张丽丽：我也是学生。

陈士杰：你是美国人吗？

张丽丽：不是，我是英国人。你是中国人吧？

陈士杰：是的。

（二）你平时怎么学习汉语？（Wie lernst du normalerweise Chinesisch?）

张丽丽：你平时怎么学习汉语？

陈士杰：我们有汉语教科书，老师会教我们。

张丽丽：你自己有工具书吗？

陈士杰：我有一本汉语词典。平时我会用汉语词典学习汉字。

张丽丽：我有一本汉英互译词典。

五 语法知识 Grammatik

1. "是"字句

定义：由判断动词"是"充当谓语的句子。

用法：主要用于表示判断。
句型：主语＋是＋名词
例句：我是学生。
　　　花是白色的。
　　　车站东边是一个学校。

2. "有"字句

定义：由动词"有"充当谓语的句子。
用法：主要用于表示领有，也可用于表示存在。否定句式用"没有"。
句型：主语＋有（＋数量）＋名词
例句：我有一本汉语词典。／他没有汉语词典。
　　　我有一个姐姐。／他没有哥哥。
　　　房间里有两张桌子。／房间里没有桌子。

1. 写一写（Schreiben）

根据拼音写汉字。
Schreiben Sie die entsprechenden Zeichen nach dem Pinyin auf.

　　zhù　　　　　　　　guān　　　　　　　　cún
＿＿＿名　　　　　　＿＿＿方　　　　　　＿＿＿在

2. 连一连（Verbindung）

把右列的拼音与左列对应的汉字连线。
Verbinden Sie die Zeichen in der rechten Spalte mit den Zeichen in der linken Spalte, um eine Phrase zu bilden.

治　　　　　　　　　　dài
戴　　　　　　　　　　zhì
注　　　　　　　　　　zhù
述　　　　　　　　　　jì
既　　　　　　　　　　shù

3. 填一填（Lücken Füllen）

用课文中的汉字填空。
Füllen Sie die folgenden Lücken mit den Zeichen vom Text aus.

　　shàn　　　　　　　　è　　　　　　　　zhì
＿＿＿良　　　　　　＿＿＿人　　　　　　＿＿＿理

4. 想一想(Nachdenken)

著的第二笔是_____。

官的第二笔是_____。

戴的第四笔是_____。

5. 默一默(Schreiben Sie aus dem Gedächtnis)

根据课文内容填空。

Ergänzen Sie den Text.

我周公,作周礼。_____六_____,_____治体。
大小_____,_____礼记。_____圣言,礼乐备。

6. 说一说(Sprechen)

根据所给场景,编写对话并练习。

Erstellen Sie anhand der gegebenen Situationen Dialoge und üben Sie.

同学们,你们知道中国古代有哪些礼乐制度?我们一起来演一演。

延伸学习 Lektüre für erweiterts Lernen

仓颉造字

仓颉造字,是中国古代神话传说之一。仓颉是黄帝的史官。当时,没有书面汉语,人们用绳子打结来记录事件。最开始时,这种方法很有效果。但是,随着需要记录的事物越来越多,这种方法就变得很不方便了。于是仓颉想出了一个好方法,他用一些不同的符号来表示生活中的事物。这些象形符号简单易懂,在中国语言发展过程中发挥了重要作用。

Cang Jie Coined Characters ist einer der alten chinesischen Mythen und Legenden. Cang Jie war der offizielle Historiker von Huang Di (Gelber Kaiser). Da es in der Antike keine geschriebene chinesische Sprache gab, mussten die Menschen Seile verwenden, um Ereignisse aufzuzeichnen. Obwohl diese Weise am Anfang sehr einfach und nützlich war, wurde es im Laufe der Zeit schwierig und unbequem, da zu viele Dinge aufgezeichnet werden mussten. Cang Jie hatte die Idee, Dinge oder Ereignisse mit unterschiedlichen Symbolen festzuhalten. Diese von ihm erfundenen Symbole waren leicht zu verstehen und zu merken. Auf diese Weise prägte er die ersten chinesischen Schriftzeichen und trug wesentlich zur Entwicklung der chinesischen Sprache bei.

第十三课　三传者

Lektion 13　Drei Annalen

1. 描红并注音(Zeichnen Sie Striche nach und ergänzen Sie Pinyin)

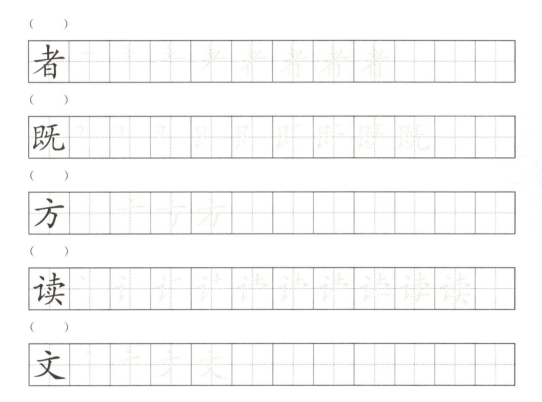

2. 话题导入(Einführung zum Thema)

您知道哪些中国的古代经典著作？
Welche alten chinesischen Klassiker kennen Sie?

一 学习原文 Text

Sān zhuàn① zhě yǒu gōng yáng,
三 传 者， 有 公 羊，

Yǒu zuǒ shì yǒu gǔ liáng。
有 左 氏， 有 谷 梁。

Jīng② jì míng③ fāng dú zǐ④。
经 既 明， 方 读 子。

Cuō⑤ qí yào jì qí shì。
撮 其 要， 记 其 事。

Wǔ zǐ zhě yǒu xún yáng,
五 子 者， 有 荀 扬，

Wén zhōng zǐ⑥ jí lǎo zhuāng。
文 中 子， 及 老 庄。

1. 注释 (Hinweise)

①三传：《左传》《公羊传》《谷梁传》合称"三传"（drei Annalen：Zuo Zhuan, Gong Yang Zhuan und Gu Liang Zhuan）。

②经：指儒家经典（Konfuzianische Klassiker）。

③明：明白，懂得（verstehen）。

④子：诸子百家的著作（die Werke verschiedener Philosophen）。

⑤撮（cuō）：摘取；摄取（wählen）。

⑥文中子：王通，教育家（Wang Tong, ein Erzieher）。

2. 原文大意 (Paraphrase)

三传就是解释《春秋》的书，包括公羊高的《公羊传》、左丘明的《左传》和谷梁赤的《谷梁传》。

读懂了经传典籍以后，可以读诸子百家的著作。

这类书品种繁多，必须选取重要著作品读，并且要记住主要内容。

战国名家五子指荀子、扬子、文中子、老子和庄子。

三 汉字学习 Chinesisches Schriftzeichen

传 ノ 亻 仁 仨 传 传

| 拼音 | zhuàn |

词性	名词(N.)
释义	叙述历史故事的作品(Annalen);解说经义的文字(Kommentare)
搭配	传记(Biographie)
例句	他写了一本人物传记。Er schrieb eine Biographie.

羊

拼音	yáng
词性	名词(N.)
释义	姓(Familienname);一种哺乳动物(Schaf,Ziege)
搭配	羊肉(Lammfleisch);绵羊(Schaf)
例句	饭桌上的羊肉火锅很好吃。 Der Lammeintopf auf dem Tisch war köstlich.

扬

拼音	yáng
词性	名词(N.);动词(V.)
释义	姓(Familienname);称颂,传播(loben,verbreiten)
搭配	表扬(loben);发扬(entwickeln)
例句	老师上课表扬了我。Der Lehrer hat mich im Unterricht gelobt.

及

拼音	jí
词性	动词(V.)
释义	从后头跟上(aufholen);达到(erreichen)
搭配	及格(eine Prüfung bestehen)
例句	我觉得这次考试能及格。 Ich glaube, ich kann diese Prüfung bestehen.

（一）去上课（Zum Unterricht gehen）

张丽丽：你知道今天早上有中文课吗？

李华：我知道。

张丽丽：你现在在什么地方？

李华：我还在家。我觉得来不及了。

张丽丽：没关系，来得及。你可以先吃早饭，然后再来上课。

李华：好的。

（二）过生日（Geburtstagsfeier）

刘芳：听说你要过生日了，什么时候？

陈士杰：下个星期五。

刘芳：我和其他朋友都给你准备了生日礼物。

陈士杰：谢谢你们，我很开心。

刘芳：不用谢，我很期待那一天。

陈士杰：我也是。

1. 关联词（先……，然后……）

用法：表示动作的先后顺序。

句型：**先**……，**然后**……

例句：回家以后，我**先**做作业，**然后**吃饭。

我想**先**写中文作业，**然后**写其他作业。

你**先**去超市买东西，**然后**回家。

2. 介词(为了)

用法：表示因为某种目的。

句型：**为了**＋其他

例句：妈妈**为了**健康每天跑步。

　　　为了考试及格，我要努力学习。

　　　他**为了**新工作不断学习新的知识。

1. 写一写(Schreiben)

根据拼音写汉字。

Schreiben Sie die entsprechenden Zeichen nach dem Pinyin auf.

zhuàn	yáng	yáng
____记	表____	____肉

2. 连一连(Verbindung)

把右列的汉字与左列的汉字相连组词。

Verbinden Sie die Zeichen in der rechten Spalte mit den Zeichen in der linken Spalte, um eine Phrase zu bilden.

传　　　　　　　　　　羊
及　　　　　　　　　　记
绵　　　　　　　　　　格
表　　　　　　　　　　扬

3. 填一填(Lücken Füllen)

根据本课的语法知识完成句子。

Vervollständigen Sie die Sätze mit Hilfe der Grammatikkenntnisse in dieser Lektion.

(1) 每天起床，你做什么？（先……，然后……）

(2) 回到家，我先_____，然后_____。

(3) 为了_____，我要_____。

4. 标一标(Pinyin Hinzufügen)

给下面的词组标注拼音。

Fügen Sie Pinyin zu den folgenden Phrasen hinzu.

_____   _____   _____
传记   及格   表扬

5. 说一说(Sprechen)

根据所给场景，编写对话并练习。

Erstellen Sie anhand der gegebenen Situation Dialoge und üben Sie.

请用"先……，然后……"说一说，今天一整天你做了哪些事情。

例句：我先刷牙，然后洗脸。／我先吃早饭，然后去上学。／我先上课，然后去图书馆。

竹简与造纸

竹简是古代战国（公元前475—公元前221）至魏晋（220—420）时代的书写材料，是将竹子削成狭长竹片，用绳子绑在一起，相当于今天的纸张。竹简大多用竹片制成，每片写一行字，将一篇文章的所有竹片编起来，称为"简牍"。这是我国古代最早的书籍形式。

造纸术的发明者是蔡伦。公元105年，蔡伦总结前人的经验，改进了造纸术，以树皮、麻、破布、旧渔网等为原料造纸。既提高了纸张的生产效率，又扩大了纸的原料来源，降低了纸的成本，同时也为历史文献的记载以及传承提供了便利。

Zhu Jian (竹简, Bambus-Zettel) war eine Art von Schriftmaterial in der Zeit von den Streitenden Staaten (476 v. Chr. – 221 v. Chr.) bis zur Wei-Jin-Zeit (220 – 420). Bambus, der in schmale Stücke geschnitten und mit Seilen zusammengebunden wurde, wurde wie heutiges Papier zum Schreiben gebrauch. Auf jeden Bambuszettel kann eine Spalte mit chinesischen Schriftzeichen geschrieben werden. Alle Bambuszettel des selben Artikels wurden miteinander verbunden und Jian Du (简牍, ein Buch mit Bambuszetteln) genannt. Dies war die früheste Form des Buches im alten China.

Cai Lun ist der Erfinder der Papierherstellung. Im Jahr 105 fasste Cai Lun die Erfahrungen früherer Generationen zusammen und erneuerte die Papierherstellung. Er verwendete Baumrinden, Flachs, Lumpen und alte Fischernetze als Rohmaterial für die Papierherstellung. Auf diese Weise verbesserte er nicht nur die Effizienz der Papierproduktion, sondern erweiterte auch die Quellen der Papierrohstoffe und senkte die Kosten für Papier. Außerdem wurde die Aufzeichnung und Überlieferung historischer Dokumente erleichterte.

第五篇　朝代之迁

　　学习历史，以史为鉴，人类社会才得以不断向前发展。中国拥有五千多年的悠久历史；在漫长的古代社会中，朝代众多，更替频繁。

　　阅读和学习史书是了解中国历史的首选途径。尽管史书众多，我们可以有选择地按照一定的顺序阅读，了解各个时代的政治生态、经济发展、社会风俗和人文建设等；再参考经书和其他与历史相关的典籍，如《资治通鉴》，探讨历朝历代治乱兴衰的始末，总结其成功经验，吸取失败教训。我们可以把这些经验教训应用到现实中，更好地适应新时代发展需要，为人类美好的未来做出更大贡献。

Teil V   Wechsel von Dynastien

Nur durch das Lernen aus der Geschichte und die Reflexion über die Geschichte kann die menschliche Gesellschaft kontinuierlich Fortschritte machen und sich weiterentwickeln. China hat eine lange Geschichte von mehr als 5000 Jahren. Während dieser langen Geschichte entstanden und verschwanden viele Dynastien nacheinander.

Das Lesen und Studieren von Geschichte ist die erste Wahl, um die chinesische Geschichte zu verstehen. Obwohl es viele Geschichtsbücher gibt, können wir einige auswählen und sie in der richtigen Reihenfolge lesen. So können wir etwas über die politische Ökologie, die wirtschaftliche Entwicklung, die sozialen Bräuche und die Geisteswissenschaften in den verschiedenen Dynastien und Epochen vom alten China erfahren. Mit Hilfe von Klassikern und anderen geschichtsbezogenen Büchern, wie z. B. *Zizhi tongjian*, können wir die Gründe für ihren Erfolg und ihr Scheitern untersuchen, um ihre Erfahrungen zusammenzufassen und aus ihren Lehren zu lernen. Indem wir das Wissen, das wir aus der Geschichte erlernt haben, auf die Praxis anwenden, können wir uns besser an die Herausforderungen der neuen Ära anpassen und zum Aufbau einer besseren Welt beitragen.

第十四课　经子通

Lektion 14　Klassiker und Philosophenwerke

1. 描红并注音(Zeichnen Sie Striche nach und ergänzen Sie Pinyin)

2. 话题导入(Einführung zum Thema)

中国有哪些朝代？说说你的了解。
Welche Dynastien gibt es in China? Erzählen Sie uns, was Sie wissen.

经子通①，读诸史②。

考③世系，知终始。

自羲农，至黄帝。

号三皇④，居上世⑤。

唐有虞，号二帝。

相揖逊⑥，称盛世。

夏有禹，商有汤。

周⑦文武，称三王。

夏传子，家天下⑧。

四百载，迁夏社⑨。

汤伐夏，国号商。

六百载，至纣亡。

周武王，始诛纣。

八百载，最长久。

周辙东，王纲坠。

逞干戈⑩，尚游说。

始春秋，终战国。

五霸强，七雄出。

嬴秦氏，始兼并。

传二世，楚汉争。

120

1. 注释（Hinweise）

①通：通晓，明白(verstehen)。

②诸：众多(viele，zahlreiche)。

③考：研究(erforschen)。

④三皇：这里指伏羲、神农和黄帝(drei antike Kaiser：Fu Xi，Shen Nong und Huang Di)。

⑤上世：上古时代(vorgeschichtliche Zeit)。

⑥揖逊(xùn)：揖让谦逊，这里指禅让制，中国古代历史上统治权转移的一种方式，即皇帝把帝位让给他人(freiwilliger Verzicht auf den Thron an einen anderen)。

⑦夏商周：在中国历史上合称三代(Die drei frühen Dynastien：Xia，Shang und Zhou)。

⑧家天下：把国家政权据为己有并世代相传(die familiäre Herrschaft über ein Land)。

⑨社：指社稷。古代帝王诸侯所祭祀的土地神和谷神，后来用作国家的代称(Staat)。社(*She*，der Gott des Landes)；稷(*Ji*，der Gott des Getreides)。

⑩干戈：干为防具，戈为武器，均为古代兵器，因此后以"干戈"用作兵器的通称，后来引申为指战争(Krieg)。干(*Gan*，Schild)；戈(*Ge*，Dolch-Axt)。

2. 原文大意(Paraphrase)

熟读经书和子书后，可以开始阅读史书。

读史必须要考究各朝各代的世系，明白他们的盛衰兴亡。

自伏羲氏、神农氏到黄帝，后人尊称为"三皇"，他们生活在上古时代。

黄帝之后，唐尧和虞舜被后世称为"二帝"，尧把帝位禅让给舜，天下太平。

夏朝的大禹，商朝的汤，以及周朝的文王和武王，合称为"三王"。

大禹把王位传给儿子，开启了家天下的时代。四百多年后，夏朝灭亡。

汤讨伐夏朝，创建了商朝。六百多年后，商纣王灭亡。

周武王起兵诛杀商纣王，建立周朝。周朝延续八百多年，是统治最长久的朝代。

周平王把国都东迁到洛阳，逐渐失去对诸侯的控制。

各国之间战争不断，游说之士大行其道。

东周开始于春秋时期，终结于战国时期。

春秋时期，齐桓公、宋襄公、晋文公、秦穆公和楚庄王，统称"五霸"。

战国时期，齐、楚、燕、韩、赵、魏和秦，号称"七雄"。

秦国国王嬴政兼并六国，建立秦朝；传到秦二世时，人民起义，楚汉相争。

史

拼音	shǐ
词性	名词(N.)
释义	自然界和人类社会的发展过程（die Entwicklung der Natur und der menschlichen Gesellschaft）
搭配	历史（Geschichte）
例句	我非常喜欢学习中国的历史。 Ich lerne sehr gern chinesische Geschichte.

世

拼音	shì
词性	名词(N.)
释义	人的一生（das Leben eines Menschen）
搭配	去世（ableben）
例句	他是2003年去世的。Er starb im Jahr 2003.

终

拼音	zhōng
词性	名词(N.)
释义	末了(liǎo)（Ende）
搭配	终于（endlich）
例句	终于，我们赢得了这场比赛。 Endlich haben wir dieses Spiel gewonnen.

始

拼音	shǐ

词性	名词(N.)
释义	起头，最初(Anfang，Start)
搭配	始终(immer)；开始(Beginn)
例句	她始终不明白为什么他要离开。 Sie hat nie verstanden, warum er gehen wollte.

农

拼音	nóng
词性	名词(N.)
释义	种庄稼(Anbau von Nutzpflanzen)
搭配	农业(Landwirtschaft)；农民(Landwirt)
例句	他是一个农民。Er ist Landwirt.

居

拼音	jū
词性	名词(N.)
释义	住所(Wohnsitz)
搭配	邻居(Nachbar)
例句	我从邻居那儿听到了这个消息。 Ich habe die Nachricht von meinem Nachbarn gehört.

武

拼音	wǔ
词性	名词(N.)；形容词(Adj.)
释义	有关军事、技击的活动(Aktivitäten im Zusammenhang mit Militär und Kampfsport)；勇猛，猛烈(mutig, heftig)
搭配	武器(Waffen)；武术(Kampfkunst)
例句	玛丽想去中国学武术。 Marie möchte nach China, um Kampfsport zu lernen.

传 丿 亻 仁 仨 传 传

拼音	chuán
词性	动词(V.)
释义	由一方交给另一方(von einem zum anderen übergeben);代代相传(von einer Generation zur nächsten übergehen)
搭配	流传(verbreiten);传递(übermitteln)
例句	民间一直流传着牛郎织女的故事。 Die Liebesgeschichte von Niu Lang und Zhi Nü wird seit jeher vom Volk erzählt.

社 丶 冫 才 礻 礻 补 社

拼音	shè
词性	名词(N.)
释义	国家(Staat);团体,机构(Verein,Organisation)
搭配	社会(Gesellschaft)
例句	我希望成为一个对社会有用的人。 Ich möchte eine nützliche Person für die Gesellschaft sein.

战 丶 卜 卜 占 占 占 战 战 战

拼音	zhàn
词性	名词(N.)
释义	打仗(auf dem Schlachtfeld kämpfen)
搭配	战争(Krieg)
例句	我希望战争能不再发生,世界和平。 Ich hoffe, dass es nie wieder Krieg geben wird und die Welt in Frieden sein wird.

强

拼音	qiáng
词性	形容词（Adj.）
释义	健壮，有力（robust, kraftvoll）
搭配	坚强（stark）；强壮（kräftig）
例句	面对困难，我们一定要坚强勇敢！ Wir müssen angesichts von Schwierigkeiten stark und mutig sein!

雄

拼音	xióng
词性	名词（N.）
释义	强有力的人或国家（eine mächtige Person oder ein mächtiges Land）
搭配	英雄（Held）
例句	岳飞是我们的民族英雄。Yue Fei ist unser Nationalheld.

争

拼音	zhēng
词性	动词（V.）
释义	力求获得或达到（anstreben, erreichen）
搭配	争取（anstreben）；争论（argumentieren）
例句	这次比赛，我要争取得第一。 In diesem Wettbewerb werde ich mein Bestes geben, um den ersten Platz zu gewinnen.

第十四课　经子通

（一）请假（sich entschuldigen lassen）

张丽丽：李华，你今天去上汉语课吗？

李　华：我可能会去。

张丽丽：如果你去的话，能不能帮我向孙老师请个假？

李　华：你怎么了？

张丽丽：没事，我有点头疼。

李　华：好的，那你好好休息。

（二）参观博物馆（das Museum besuchen）

刘　芳：陈士杰，好久不见。你最近在忙什么？

陈士杰：好久不见，刘芳。我最近在帮张丽丽补习汉语。

刘　芳：你明天下午有空吗？

陈士杰：有空。有什么事吗？

刘　芳：孙老师要带我们参观博物馆，你去吗？

陈士杰：太好了，我也要去。

1. 关联词（如果……，就……）

用法："如果"后面的分句是一个假设，结尾也可以加上"的话"；"就"后面的分句是这种假设情况下的结果。第二个分句的主语要放在"就"的前边。

句型:**如果**……(的话),(主语)**就**……

例句:**如果**你很饿,**就**吃一块小蛋糕吧。

如果你明天下午有空,我们**就**一起去看电影好吗?

如果明天不下雨的话,我们**就**出去玩吧。

2. 特殊句式(兼语句)

用法:兼语句由一个动宾短语和一个主谓短语叠加而成。其中,动宾短语中的宾语兼作主谓短语的主语。

如:张三请李四吃饭。

上句中的"李四"是前一个动宾短语"请李四"的宾语;同时,"李四"又是后一个主谓短语"李四吃饭"的主语。

句型:名词1+动词1+名词2+动词2

例句:公司派我来中国学习中文。

妈妈叫我早点回家。

我请他去我家里玩儿。

课后练习 Übungen

1. 写一写(Schreiben)

根据拼音写汉字。

Schreiben Sie die entsprechenden Zeichen nach dem Pinyin auf.

shǐ   shì   shǐ
历____   去____   开____

2. 连一连(Verbindung)

把右列的汉字与左列的汉字相连组词。

Verbinden Sie die Zeichen in der rechten Spalte mit den Zeichen in der linken Spalte, um eine Phrase zu bilden.

终   民
农   于
邻   居
武   递
传   器
社   会

3. 填一填(Lücken Füllen)

用课文中的汉字填空。

Füllen Sie die folgenden Lücken mit den Zeichen vom Text aus.

（1）_____争使人家破人亡。

（2）我们一定要坚_____地面对困难。

（3）历史上有很多的英_____人物。

（4）他努力学习，_____于拿到了奖学金。

4. 标一标(Pinyin Hinzufügen)

给下面的词组标注拼音。

Fügen Sie Pinyin zu den folgenden Phrasen hinzu.

_____　　　　　　_____　　　　　　_____

传递　　　　　　　去世　　　　　　　争论

5. 说一说(Sprechen)

用规定的词语造句。

Bilden Sie einen Satz mit den angegebenen Wörtern.

请用"如果""帮""带"造句。

三国与镇江

Zhèn jiāng bù jǐn shì yī zuò jù yǒu　　　　duō nián lì shǐ de jiāng nán míng chéng　yě shì
镇　江　不　仅　是　一　座　具　有　3000　多　年　历　史　的　江　南　名　城，也　是

Sān Guó　wén huà zhōng de zhòng yào jūn shì zhòng zhèn　Gēn jù　Sān guó Yǎn yì　Sān guó
"三　国"文　化　中　的　重　要　军　事　重　镇。根　据《三　国　演　义》《三　国

zhì　děng shū jì zǎi　zài　chì bì zhī zhàn　zhī hòu　wèi tǎo huí bèi Liú Bèi zhàn lǐng de Jīng zhōu
志》等　书　记　载，在"赤　壁　之　战"之　后，为　讨　回　被　刘　备　占　领　的　荆　州，

Sūn Quán cǎi yòng Zhōu Yú de jì cè　yǐ bǎ zì jǐ de mèi mei jià yǔ Liú Bèi wéi yóu　bǎ Liú Bèi
孙　权　采　用　周　瑜　的　计　策，以　把　自　己　的　妹　妹　嫁　与　刘　备　为　由，把　刘　备

piàn dào Zhèn jiāng zuò rén zhì　rú guǒ bù guī huán Jīng zhōu jiù shā le tā　Liú Bèi zhāo qīn jiù fā
骗　到　镇　江　做　人　质，如　果　不　归　还　荆　州　就　杀　了　他。刘　备　招　亲　就　发

shēng zài Zhèn jiāng běi gù shān de gān lù sì
生在镇江北固山的甘露寺。

Zhèn jiāng xiàn zài réng rán yǒu xǔ duō Sān Guó lì shǐ yí jì Lì rú Sūn Quán zài běi gù
镇江现在仍然有许多三国历史遗迹。例如，孙权在北固

shān jiǎo xià xiū jiàn le zhù míng de tiě wèng chéng zhè yě shì yǒu shǐ liào jì zǎi de Sūn Quán jīng
山脚下修建了著名的铁瓮城，这也是有史料记载的孙权经

yíng de dì yī zuò chéng chí
营的第一座城池。

Zhenjiang ist nicht nur eine berühmte Stadt südlich vom Jangtse-Fluss mit einer Geschichte von mehr als 3.000 Jahren, sondern auch eine wichtige militärische Festung in der Drei-Königs-Zeit. Nach dem Roman *Die Drei Reiche*, der *Chronik der Drei Reiche* und anderen historischen Aufzeichnungen übernahm Sun Quan nach der „Schlacht von Chibi“ die von Zhou Yu vorgeschlagene List, um die Stadt Jingzhou zurückzuerobern. Er bot eine Vernunftehe zwischen seiner jüngeren Schwester und Liu Bei (161 – 223) als Köder an, um Liu Bei nach Zhenjiang zu locken und ihn als Geisel festzuhalten, um ihn zur Rückgabe von Jingzhou zu zwingen. Dieses historische Ereignis fand im Ganlu-Tempel auf dem Gipfel des Hügels Beigushan im Norden der Stadt Zhenjiang statt.

In Zhenjiang gibt es noch viele historische Relikte aus dem Wu-Königreich. Am Fuße des Hügels Beigushan errichtete Sun Quan zum Beispiel die berühmte Tie Weng Cheng (铁瓮城, Stadt des eisernen Tonkrugs), die den historischen Aufzeichnungen zufolge die erste von Sun Quan regierte Stadt war.

第十五课 高祖兴

Lektion 15 Han Gaozu（Liu Bang）

1. 描红并注音（Zeichnen Sie Striche nach und ergänzen Sie Pinyin）

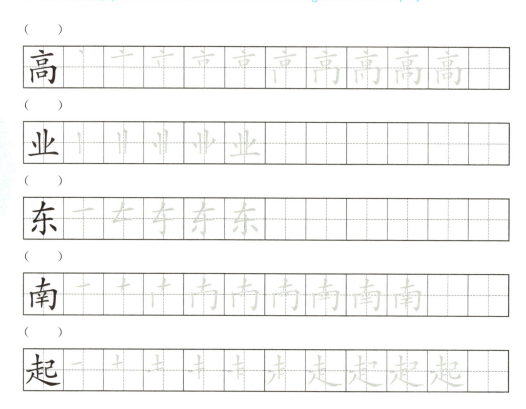

2. 话题导入（Einführung zum Thema）

你知道哪些关于唐朝的知识？
Was wissen Sie über die Tang-Dynastie?

一 学习原文 Text

第十五课 高祖兴

高祖兴，汉业建。
至孝平，王莽篡①。
光武兴，为东汉。
四百年，终于献②。
魏蜀吴，争汉鼎。
号三国，迄两晋③。
宋齐继，梁陈承。
为南朝，都金陵。
北元魏，分东西。
宇文周④，与高齐。
迨⑤至隋，一土宇。
不再传⑥，失统绪⑦。
唐高祖，起义师。
除隋乱，创国基⑧。
二十传，三百载。
梁灭之，国乃改⑨。
梁唐晋，及汉周。
称五代，皆有由⑩。

1. 注释(Hinweise)

①篡：非法夺取，臣子夺取君主王位(usurpieren)。
②献：汉献帝，汉朝最后一位皇帝(Kaiser Xian aus der Han-Dynastie)。

③迄：到，至（bis heute）。

④宇文：一种少数民族姓氏，复姓（Yuwen, ein Familienname mit zwei Schriftzeichen）。

⑤迨：等到（bis zu dem Zeitpunkt）。

⑥传：由一方交给另一方；由上代交给下代（von einer Partei auf die andere übergeben; von einer Generation zur anderen weitergeben）。

⑦统绪：指皇室世系（königliche Genealogie）。

⑧基：基础，根本（Grundlage, Fundament）。

⑨改：改变，变换（verändern, umwandeln）。

⑩皆：都（alles）。

2. 原文大意（Paraphrase）

汉高祖刘邦击败项羽，建立汉王朝。

汉朝皇位传至孝平帝时，被王莽篡夺。

王莽夺权后天下大乱，刘秀推翻其政权恢复国号为汉，史称东汉光武帝。

汉王朝持续四百余年，最终亡于汉献帝之手。

东汉末年，曹魏、蜀汉、东吴争夺汉室皇权，形成三国鼎立的局面。

之后，司马炎篡夺魏国皇权，建立晋王朝，分为东晋和西晋。

晋朝王室衰败后，刘宋、南齐、萧梁与陈继起，史称南朝，建都于金陵。

北朝元魏，后来也被分裂成东魏和西魏。

西魏被宇文觉夺权，建立北周王朝；高洋篡夺东魏皇权，建立北齐王朝。

后来，杨坚统一中国，建立隋王朝，史称隋文帝。

隋朝仅经历两世，因隋炀帝杨广荒淫无道而亡。

唐高祖李渊起兵反隋，他带兵扫除战乱，开创了唐朝基业。

唐朝共传位二十代皇帝，统治近三百年。

至唐哀帝时，朱全忠夺政，建立梁朝。

后梁、后唐、后晋，以及后汉、后周，史称五代。

这五个朝代更替都有它们各自更替的缘由。

三 汉字学习
Chinesisches Schriftzeichen

| 拼音 | jiàn |

词性	动词(V.)
释义	成立(gründen)
搭配	建立(aufbauen);建设(errichten)
例句	我和班上的同学建立了深厚的感情。 Ich habe eine enge Beziehung zu meinen Klassenkameraden entwickelt.

继

拼音	jì
词性	动词(V.)
释义	连续,接着(kontinuierlich, dann)
搭配	继续(weitermachen);继承(erben)
例句	只要我继续努力,一定可以取得优异的成绩。 Wenn ich weiter hart arbeite, kann ich bestimmt hervorragende Ergebnisse erzielen.

承

拼音	chéng
词性	动词(V.)
释义	继续,接连(weitermachen, verbinden)
搭配	继承(erben);承担(übernehmen)
例句	他从伯父那里继承了一百万元遗产。 Er hat eine Million Yuan von seinem Onkel geerbt.

朝

拼音	cháo
词性	名词(N.)

释义	某一个皇帝统治的时期（der Zeitraum, in dem ein bestimmter Kaiser regierte）
搭配	朝代（Dynastie）；唐朝（Tang-Dynastie）
例句	金山寺建于哪个朝代？ In welcher Dynastie wurde der Jinshan-Tempel erbaut?

失

拼音	shī
词性	动词（V.）
释义	丢失（verlieren）；违背（gegen etwas verstoßen）
搭配	失眠（Schlaflosigkeit）；失业（Arbeitslosigkeit）
例句	昨天晚上我失眠了。 Ich habe letzte Nacht unter Schlaflosigkeit gelitten.

统

拼音	tǒng
词性	名词（N.）；动词（V.）
释义	总括，总起来（zusammenführen）
搭配	统一（vereinigen）；统治（regieren）
例句	秦始皇统一了六国。Qin Shi Huang vereinigte die Sechs Reiche.

除

拼音	chú
词性	动词（V.）
释义	去掉（abstreifen）；表示不计算在内（ausschließlich von）
搭配	删除（löschen）；除了（außer）
例句	上节课的作业被我不小心删除了。 Ich habe die Aufgaben aus der letzten Stunde versehentlich gelöscht.

乱

拼音	luàn
词性	名词（N.）
释义	社会动荡（gesellschaftliche Unruhen）；没有秩序（in Unordnung）
搭配	混乱（Chaos）；胡乱（nachlässig）
例句	停电使城市陷入一片混乱。 Wegen des Stromausfalls geriet die Stadt ins Chaos.

创

拼音	chuàng
词性	动词（V.）
释义	开始（做）（mit etwas）anfangen
搭配	创造（schaffen）；创业（Startup）
例句	财富是劳动所创造的。Reichtum wird durch Arbeit geschaffen.

基

拼音	jī
词性	名词（N.）
释义	根本的，起始的（grundsätzlich，beginnend）
搭配	基础（wesentlich，grundlegend）；基本（Grundlage）
例句	学好声调是说好汉语的基础。 Das Erlernen der Intonation ist die Grundlage，um gut Chinesisch zu sprechen.

代

拼音	dài
词性	名词（N.）

释义	历史分期（Periodisierung der Geschichte）
搭配	当代（Gegenwart）；古代（Antike）
例句	屈原是中国古代的伟大诗人。 Qu Yuan war ein großer Dichter im alten China.

四 日常对话 Dialoge

（一）东西丢了（Etwas ist verloren）

李 华：这个月要吃土了，我的钱包丢了。

陈士杰：那你吃饭怎么办？

李 华：我宿舍有方便面。

陈士杰：失物招领在学校食堂的后面。你可以去那儿碰碰运气。

李 华：明早起来我就去，谢谢你。

（二）我要创业（Ich möchte ein Unternehmen gründen）

张丽丽：刘芳，大家都下班了，你怎么还在忙？

刘 芳：我在准备创业的文件。创业容易吗？

张丽丽：创业当然不容易，你要花很多的精力和很长的时间。

刘 芳：我得努力了。

张丽丽：我相信你一定可以成功。先做做看，不做怎么知道行不行。

刘 芳：那我试一试。

1. 语气副词（当然）

用法：表示对某一行为的确认；表示就是这样。修饰动词或形容词。

句型：(主语)＋语气副词(当然)＋动词/形容词

例句：——我可以进来吗？

——**当然**可以。

你**当然**应该学好汉语和英语。

2. 动词重叠

用法：表示短促动作、尝试、轻松意义，限于表示可持续的动词。

句型：动词＋动词 或 动词＋一＋动词

例句：来**尝一尝**我做的饭，**看看**合不合你的胃口。

我想**穿一穿**汉服。

1. 写一写(Schreiben)

根据拼音写汉字。

Schreiben Sie die entsprechenden Zeichen nach dem Pinyin auf.

jiàn	cháo	shī
＿＿＿立	＿＿＿代	＿＿＿业

2. 连一连(Verbindung)

把右列的汉字与左列的汉字相连组词。

Verbinden Sie die Zeichen in der rechten Spalte mit den Zeichen in der linken Spalte, um eine Phrase zu bilden.

删	造
混	一
创	乱
统	础
基	除

3. 填一填(Lücken Füllen)

选择合适的词语填空。

Füllen Sie die folgenden Lücken mit den richtigen Phrasen aus.

统一　基础　创造　删除　混乱　古代

(1) 李白是中国＿＿＿非常有名的诗人。

(2) 中国女排＿＿＿了一个又一个不败的神话,为国家赢得至高无上的荣誉。

(3) 我不小心＿＿＿了短信。

(4) 停电了,学生们陷入一片＿＿＿。

(5) 操场上学生都穿着＿＿＿的校服在跑步。

(6) 大量的阅读积累是写好文章的＿＿＿。

4. 标一标(Pinyin Hinzufügen)

给下面的词组标注拼音。

Fügen Sie Pinyin zu den folgenden Phrasen hinzu.

＿＿＿＿　　　　　＿＿＿＿　　　　　＿＿＿＿
继承　　　　　　　朝代　　　　　　　基础

5. 说一说(Sprechen)

用"动词＋动词"或者"动词＋一＋动词"说几个句子。

Sagen Sie einige Sätze mit der Form „Verb＋Verb" oder „Verb＋一＋Verb".

例：我想尝一尝你做的饭。
　　我想试一试新买的衣服。

大唐王朝

Gōng yuán　　　nián　Lǐ Yuán　　　　　　　bèi pài qù zhèn yā nóng mín qǐ yì　dàn shì
公　元　617　年,李渊（566—635）被派去镇压农民起义,但是
nóng mín qǐ yì de duì wu yuè lái yuè qiáng dà　Suí cháo yǎn kàn kuài bèi miè wáng　tā hěn dān xīn
农民起义的队伍越来越强大,隋朝眼看快被灭亡,他很担心
zì jǐ de wèi lái
自己的未来。

当时，北方少数民族突厥来犯，李渊出兵抵抗，但都失败了，于是担心隋炀帝责怪他。李渊的二儿子李世民向李渊建议起兵反隋，李渊采纳了他的建议，反叛了隋朝。

李渊打开粮仓，救济贫民，老百姓很支持他。随后，李渊带着三万人马攻打长安。加入他的人越来越多，当攻打长安时，他已经拥有一支有二十多万人的军队。

之后，李渊的军队打败隋军，统一天下，建立了唐朝（618—907），李渊成为唐朝开国皇帝。

第十五课 高祖兴

Im Jahr 617 wurde Li Yuan（566－635）entsandt，um den Bauernaufstand niederzuschlagen. Der Aufstand wurde jedoch immer gewalttätiger und breitete sich über das ganze Land aus. Als er sah，dass die Sui-Dynastie kurz vor dem Fall stand，machte er sich immer mehr Sorgen um seine Zukunft.

Damals entsandt Li Yuan Truppen，um der Invasion in Nordchina zu widerstehen，scheiterte aber. Er befürchtete，Kaiser Sui Yangdi würde ihn für den Misserfolg verantwortlich machen. Außerdem riet Li Shimin，der zweite Sohn von Li Yuan，ihm，sich gegen die Sui-Dynastie aufzulehnen. Li Yuan befolgte seinen Rat und rebellierte.

Li Yuan öffnete Getreidespeicher，um den Armen Getreide zukommen zu lassen，und gewann die Unterstützung der Bevölkerung. Dann zog seine Armee，die aus etwa 30.000 Soldaten bestand，nach Chang'an. Unterwegs schlossen sich ihm mehr und mehr Menschen an. Als Chang'an angegriffen wurde，war die Armee auf über 200.000 Soldaten angewachsen.

Schließlich vernichtete Li Yuan die Armee der Sui-Dynastie，vereinigte China，gründete die Tang-Dynastie（618－907）und wurde der erste Kaiser der Tang-Dynastie.

第十六课　宋兴

Lektion 16　Etablierung der Song-Dynastie

1. 描红并注音(Zeichnen Sie Striche nach und ergänzen Sie Pinyin)

( )
受

( )
北

( )
图

( )
克

( )
清

2. 话题导入(Einführung zum Thema)

您知道中国哪些城市曾经是首都吗？
Wissen Sie, welche Städte in China ehemalige Hauptstädte waren?

第十六课　炎宋兴

1. 注释(Hinweise)

①禅：禅让(abdanken und den Thron übergeben)。

②传：相传(überliefern)。

③南北：南宋和北宋(die Südliche Song-Dynastie und die Nördliche Song-Dynastie)。

④混：混战(Schlachtgetümmel)。

⑤舆图：疆域图(Gebietskarte)。

⑥祚：皇位(Kaiserthron)；废：废败、衰败，这里指亡国(untergehen)。

⑦迁：迁都(die Hauptstadt verlagern)；燕京：北京旧称(der frühere Name von Peking)。

⑧李闯：李自成，又名李闯(Li Zicheng)。

⑨神器：王朝(Kaiserreich)，这里指明朝；焚：灭亡(Untergang)。

⑩靖：平定，使秩序安定(befrieden)。

2. 原文大意(Paraphrase)

赵匡胤接受后周禅让的帝位，建立宋朝。

相传了十八位皇帝后，中国陷入南北混战的局面。

北方的辽人和金人都各自称帝，建立政权。

蒙古人先后消灭金朝和宋朝，建立元朝。

元朝疆域很大，领土面积超过以前的历朝历代。

维持了九十年后，元朝灭亡。

明太祖朱元璋起义，建立明朝，国号洪武，定都南京。

明成祖即位后，把国都迁到北京。

明朝先后有十六位皇帝，一直传到崇祯帝。

明朝末年宦官专权，百姓纷纷起义。

闯王李自成带领起义军攻破北京，明朝最终灭亡。

清军入关后，清世祖在北京登上帝座。

平定了各地的混乱局面，老百姓重新开始了安定的生活。

三 汉字学习 Chinesisches Schriftzeichen

拼音	jīn
词性	名词(N.)
释义	中国朝代名(Name einer chinesischen Dynastie)；姓(Familienname)；钱(Geld)
搭配	金代(Jin Dynastie)；奖金(Bonus)
例句	金是中国的一个朝代。Jin ist der Name einer chinesischen Dynastie.

拼音	jué

词性	动词(V.)
释义	不继续(nicht fortsetzen)
搭配	断绝(abbrechen);杜绝(eliminieren)
例句	我主动与他断绝了联系。 Ich habe den Kontakt zu ihm freiwillig abgebrochen.

权

拼音	quán
词性	名词(N.)
释义	职责范围内支配和指挥的力量(Macht, innerhalb des Verantwortungsbereichs zubeherrschen und zu kommandieren)
搭配	权力(Macht);权利(Anrecht)
例句	古代的皇帝权力非常大。 In der Antike hatte der Kaiser große Macht.

林

拼音	lín
词性	名词(N.)
释义	许多树木(viele Bäume);姓(Familienname)
搭配	森林(Wald);园林(Garten)
例句	那只鹿迅速跑进了森林里。Der Hirsch rannte schnell in den Wald.

李

拼音	lǐ
词性	名词(N.)
释义	姓(Familienname);行李(Gepäck)
搭配	李先生(Herr Li);行李箱(Reisekoffer)
例句	李先生刚下飞机。Herr Li stieg gerade aus dem Flugzeug.

闯 丶 丨 门 门 闯 闯

拼音	chuǎng
词性	动词(V.)
释义	强行进入(mit Gewalt eindringen);招惹(provozieren)
搭配	闯进(einbrechen);闯祸(in Schwierigkeiten geraten)
例句	一伙盗贼闯进了别墅。 Eine Bande von Dieben ist in die Villa eingebrochen.

神 丶 ㇇ ㇂ 礻 礻 衤 衤 祁 袖 神

拼音	shén
词性	名词(N.);形容词(Adj.)
释义	泛指神灵(Götter);不可思议的(unvorstellbar)
搭配	神秘(mysteriös);神话(Mytos)
例句	金字塔很神秘。Die Pyramiden sind mysteriös.

景 丨 冂 冃 申 申 曱 昪 昦 昦 景

拼音	jǐng
词性	名词(N.)
释义	环境和风光(Umwelt und Landschaft);状况(Umstände)
搭配	风景(Landschaft);景色(Szenerie)
例句	我们登上长城,欣赏周围的景色。 Wir kletterten auf die Große Mauer und genossen die umliegende Landschaft.

四 日常对话 Dialoge

（一）漂亮的裙子 (Ein schönes Kleid)

张丽丽：你的裙子很漂亮，什么时候买的？

刘　芳：周末买的。

张丽丽：在哪儿买的呀？

刘　芳：在市中心的苏宁广场。

张丽丽：坐公交车去的吗？

刘　芳：是的。我坐19路公交车去的。

（二）禁止使用手机 (Handy-Verbot an Bord eines Flugzeugs)

李　华：飞机要起飞了，别打电话了。

陈士杰：为什么？

李　华：飞机在飞行中，禁止乘客使用手机。

陈士杰：我知道了。

李　华：下次别这样了，很危险的。

陈士杰：对不起，我不会这样了。

五 语法知识 Grammatik

1. 祈使句

用法1：表示命令、禁止。一般带有强制性，口气强硬、坚决。

句型：动词＋宾语！

例句：带它们走！不许说话！

　　　此处禁止停车！

　　　禁止吸烟！

用法2：表示请求、劝阻。一般用降语调，但往往比较平缓。
句型：(主语)＋动词＋宾语！
例句：您请坐！别客气。
　　　留下来吃晚饭吧！
　　　请别走！

2. 强调句(是……的)

用法：用来强调时间、地点或方式。
句型：主语＋(是/不是)＋时间/地点/方式＋动词(＋宾语)＋的(＋宾语)
例句：
(1)强调时间
他是昨天买的这本书。/他不是昨天买的这本书。
他是昨天来北京的。/他不是昨天来北京的。
(2)强调地点
我是在上海见到他的。/我不是在上海见到他的。
我是在学校超市买的这本书。/我不是在学校超市买的这本书。
(3)强调方式
他是开车去的上海。/他不是开车去的上海。
我是坐飞机来的。/我不是坐飞机来的。

六 课后练习 Übungen

1. 写一写(Schreiben)

根据拼音写汉字。
Schreiben Sie die entsprechenden Zeichen nach dem Pinyin auf.

　　jīn　　　　　　　　jué　　　　　　　　quán
　＿＿朝　　　　　　断＿＿　　　　　　　＿＿力

2. 连一连(Verbindung)

把右列的汉字与左列的汉字相连组词。
Verbinden Sie die Zeichen in der rechten Spalte mit den Zeichen in der linken Spalte, um eine Phrase zu bilden.

森　　　　　　　　进
断　　　　　　　　林
闯　　　　　　　　绝
神　　　　　　　　器
武　　　　　　　　秘

3. 填一填(Lücken Füllen)

用课文中的汉字填空。

Füllen Sie die folgenden Lücken mit den Zeichen vom Text aus.

(1) 世界上真的有_____仙吗？

(2) 南山的风_____很好。

(3) 你看见我的手机充电_____了吗？

4. 默一默(Schreiben Sie aus dem Gedächtnis)

根据课文内容填空。

Schreiben Sie aus dem Gedächtnis.

追成祖，迁燕京。十六_____，_____崇祯。

_____陶肆，寇如_____。_____ _____出，_____ _____焚。

5. 说一说(Sprechen)

根据所给场景，编写对话并练习。

Erstellen Sie anhand der gegebenen Situation Dialoge und üben Sie.

四个人一组，互相询问上周末各自所做的事情并写下来。

提示：是……的

(1) 姓名

(2) 去哪儿了？

(3) 怎么去的？

(4) 什么时候去的？

例如：我是李华，上周我去西津渡游玩。我是上周六早上坐公交车去的。

沈括与《梦溪笔谈》

《梦溪笔谈》是北宋（960—1127）科学家沈括（1031—1095）的著作，是中国古代科学技术第一百科全书，涉及天文、物理、

shù xué   dì lǐ   shēng xué   guāng xué hé zhèng zhì duō gè   fāng miàn   shū lǐ xiáng xì jì lù le
数 学、地 理、声 学、光 学 和 政 治 多 个 方 面,书 里 详 细 记 录 了
rén men zài kē xué jì shù shàng de zhuó yuè gòng xiàn   yě jì lù le shěn kuò zì jǐ de yán jiū
人 们 在 科 学 技 术 上 的 卓 越 贡 献,也 记 录 了 沈 括 自 己 的 研 究
chéng guǒ   fǎn yìng le wǒ guó gǔ dài tè bié shì Běi Sòng shí qī kē xué   jì shù dá dào de huī
成 果,反 映 了 我 国 古 代 特 别 是 北 宋 时 期 科 学、技 术 达 到 的 辉
huáng chéng jiù
煌 成 就。

　　Shěn Kuò céng mèng dào yī chù dì fang   yǒu xiǎo shān xī shuǐ   huā mù fán mào   fēi cháng xǐ
　　沈 括 曾 梦 到 一 处 地 方,有 小 山 溪 水,花 木 繁 茂,非 常 喜
huan   Tā wǎn nián lái dào Zhèn jiāng   kàn dào shòu qiū shān hé dōng biān de xiǎo xī shí   huǎng
欢。他 晚 年 来 到 镇 江,看 到 寿 丘 山 和 东 边 的 小 溪 时,"恍
rán mèng zhōng suǒ yóu yě   yú shì zài xī biān zhù yuán   bìng qǔ míng wéi   mèng xī yuán
然 梦 中 所 游 也",于 是 在 溪 边 筑 园,并 取 名 为"梦 溪 园"。
Tā zài zhè lǐ dù guò le yī shēng zhōng de zuì hòu bā nián shí jiān bìng wán chéng le zhè běn zhù
他 在 这 里 度 过 了 一 生 中 的 最 后 八 年 时 间 并 完 成 了 这 本 著
zuò   Xiàn zài zài mèng xī guǎng chǎng hái néng kàn dào Shěn Kuò de diāo xiàng
作。现 在 在 梦 溪 广 场 还 能 看 到 沈 括 的 雕 像。

Pinselunterhaltungen am Traumbach (《梦溪笔谈》,Mengxi Bi Tan), zusammengestellt von dem Wissenschaftler Shen Kuo (1031 – 1095) in der Nördlichen Song-Dynastie (960 – 1127), ist die erste Enzyklopädie der alten chinesischen Wissenschaft und Technologie, die Astronomie, Physik, Mathematik, Geographie, Akustik, Optik und Politik betrifft. Es zeichnet die herausragenden Beiträge von Menschen in Wissenschaft und Technologie im Detail sowie die Forschungsleistungen von Shen Kuo auf und spiegelt die brillanten Errungenschaften von Wissenschaft und Technologie im alten China wider, insbesondere in der Nördlichen Song-Dynastie.

　　Shen Kuo träumte von einem Ort, den er sehr mochte: ein Hügel und ein Bach, mit schönen Blumen und üppigen Bäumen hier und dort. Als er später nach Zhenjiang kam, sah er den Shouqiu-Hügel und den Bach, der an seiner Ostseite floss. „Es sieht genau wie der Ort aus, von dem geträumt worden ist". Er baute einen Garten am Bach und nannte ihn „Mengxi-Garten". Shen Kuo verbrachte die letzten acht Jahre seines Lebens in Zhenjiang und verfasste dieses großartige Werk. Wenn Sie heute Zhenjiang besuchen, können Sie die Statue von Shen Kuo auf dem Mengxi-Platz sehen.

第十七课　古今史

Lektion 17　Antike und moderne Geschichte

1. 描红并注音(Zeichnen Sie Striche nach und ergänzen Sie Pinyin)

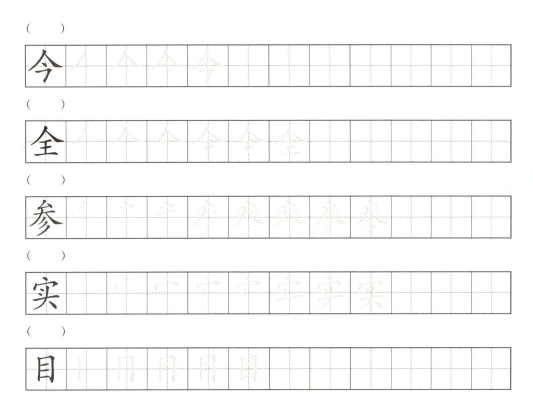

2. 话题导入(Einführung zum Thema)

您知道中国有哪些历史故事吗？

Kennen Sie irgendwelche historischen Geschichten aus China?

Gǔ jīn shǐ, quán zài zī①。
古 今 史， 全 在 兹 。
Zǎi zhì luàn, zhī xīng shuāi。
载 治 乱， 知 兴 衰 。
Shǐ suī fán, dú yǒu cì。
史 虽 繁， 读 有 次 。
Shǐ jì② yī, hàn shū③ èr。
史 记 一， 汉 书 二 。
Hòu hàn④ sān, guó zhì⑤ sì。
后 汉 三， 国 志 四 。
Jiān zhèng jīng⑥, cān tōng jiàn⑦。
兼 证 经， 参 通 鉴 。
Dú shǐ shū, kǎo shí lù⑧。
读 史 书， 考 实 录 。
Tōng gǔ jīn, ruò qīn mù。
通 古 今， 若 亲 目 。

1. 注释（Hinweise）

①兹：这，这里（dies, hier）。

②史记：书名，司马迁编写，中国第一部纪传体通史（Aufzeichnungen des Historikers）。

③汉书：书名，东汉历史学家班固编写，中国第一部纪传体断代史（Die Geschichte der westlichen Han-Dynastie）。

④后汉：书名，即《后汉书》，范晔编写，是记载东汉历史的纪传体史书（Die Geschichte der Östlichen Han-Dynastie）。

⑤国志：书名，即《三国志》，陈寿编写，是记载中国三国时代历史的断代史（Chronik der Drei Reiche）。

⑥经：经书，经文，作为思想、道德、行为等标准的书（Klassiker）。

⑦通鉴：《资治通鉴》，北宋司马光主编的编年体史书（Zizhi tongjian）。

⑧实录：中国封建时期编年史的一种，专记某一皇帝统治时期的大事（Tatsachenprotokoll）。

2. 原文大意（Paraphrase）

中国清朝以前的古今历史都在以上内容之中。
通过对各朝治乱的记载，我们可以知晓各代的兴旺与衰落。
中国的历史虽然丰富繁杂，但阅读应当有次序。
先读《史记》，后读《汉书》。第三读《后汉书》，第四读《三国志》。

阅读史书的同时,我们还要参考经书和《资治通鉴》。

研读历史者要进一步翻阅和查考历史资料,了解古今历史,就像亲眼所见。

三 汉字学习 Chinesisches Schriftzeichen

古

拼音	gǔ
词性	形容词(Adj.)
释义	时代久远的,过去的(alt, vergangen)
搭配	古老(alt)
例句	这是一座古老的桥。Dies ist eine alte Brücke.

载

拼音	zǎi
词性	动词(V.)
释义	记录(protokollieren)
搭配	记载(aufzeichnen)
例句	这本书记载了中国的一段历史。Dieses Buch zeichnet eine Periode in der Geschichte Chinas auf.

繁

拼音	fán
词性	形容词(Adj.)
释义	复杂(komplex);多(viel)
搭配	繁多(divers)
例句	超市里商品种类繁多。Im Supermarkt gibt es eine große Auswahl an Waren.

志 一 十 士 吉 志 志 志

拼音	zhì
词性	名词(N.)
释义	记载的文字(dokumentierter Text)
搭配	杂志(Zeitschrift)
例句	这本杂志我很喜欢。Ich mag diese Zeitschrift sehr.

证 丶 讠 订 证 证 证 证

拼音	zhèng
词性	动词(V.)
释义	用人物、事物来表明或断定(auf etwas hinweisen；beurteilen)；用材料说明真实性(beweisen)
搭配	证明(beweisen)；保证(versichern, garantieren)
例句	我没有证据可以证明他是一名小偷。 Ich habe keine Beweise, dass er ein Dieb ist.

录 コ ヨ 寻 寻 寻 录 录

拼音	lù
词性	名词(N.)
释义	记载言行或事物的书册(ein Buch, das Worte, Taten oder Dinge aufzeichnet)
搭配	目录(Katalog)
例句	让我看看这本书的目录。 Zeigen Sie mir das Inhaltsverzeichnis dieses Buches.

四 日常对话 Dialoge

(一) 甲和乙一样难(A ist genauso schwierig wie B)

Zhāng Lì li　　　 Lǐ Huá　jīn tiān de zuò yè xiě wán le ma
张　丽丽：李　华，今　天　的　作　业　写　完　了　吗？

李 华：还没呢，今天的作业和昨天一样难。我有好多字不认识。

张丽丽：我也是，我也有许多题目不会写。

李 华：那要不我们一起去请教王老师吧！

张丽丽：王老师今天不在，要不去找张老师？

李 华：好主意，走吧！

（二）我的汉语书不见了（Mein Chinesisch-Kursbuch ist verschwunden）

张丽丽：李华，你看到我的汉语书了吗？我的汉语书不见了。

李 华：课桌上有一本书，是你的吗？

张丽丽：课桌上没有书。

李 华：不可能，我亲眼看见的，让我找找。

张丽丽：李华，我找到了。

李 华：在哪儿找到的？

张丽丽：在讲台上。

1. 比较句

用法：表示甲和乙两者相比较，结果相同，"一样"的后面也可以加上形容词表示比较的某一方面。

句型：甲跟乙一样 ＋ 形容词

例句：这条裙子和那条裙子**一样**。

玛丽的书包和迈克的**一样**。

这棵树和那棵树**一样**高。

她的菜做得和我妈妈**一样**好。

2. 存现句

用法：表示某个地方有某样东西。

句型：处所词语 ＋ 动词 ＋ **着** ＋（数量）＋ 名词

例句：书包里放**着**很多书。

　　　沙发上坐**着**一个人。

　　　头上戴**着**一顶帽子。

　　　桌子底下放**着**一个皮球。

否定形式：在动词前面加上"**没**"。

例句：书包里**没**装**着**书。

　　　沙发上**没**坐**着**人。

　　　头上**没**戴**着**帽子。

　　　桌子底下**没**放**着**皮球。

六　课后练习　Übungen

1. 写一写（Schreiben）

根据拼音写汉字。

Schreiben Sie die entsprechenden Zeichen nach dem Pinyin auf.

gǔ	fán	zhèng
＿＿老	＿＿多	＿＿明

zǎi	zhì	lù
记＿＿	杂＿＿	目＿＿

2. 连一连（Verbindung）

把右列的汉字与左列的汉字相连组词。

Verbinden Sie die Zeichen in der rechten Spalte mit den Zeichen in der linken Spalte, um eine Phrase zu bilden.

繁	志
古	老
记	明
杂	载
证	录
目	多

3. 填一填(Lücken Füllen)

用所给的词语填空。

Füllen Sie die folgenden Lücken mit den richtigen Phrasen aus.

证明　杂志　古老　目录

(1) 这是一棵_____的树,已经有几百年的历史了。

(2) 我无法_____她的真心。

(3) 我想看看那本书的_____。

(4) 这本_____的内容我非常喜欢。

4. 补一补(Hinzufügen)

根据所学语法知识补全句子。

Vervollständigen Sie die Sätze mit den angegebenen Wörtern.

坐着　难　一样　放着

(1) 今天学习的汉字和昨天的一样_____。

(2) 她的裙子和我的裙子_____。

(3) 我的床上_____一本书。

(4) 草地上_____一家人。

5. 说一说(Sprechen)

运用给出的语法点,编写对话并练习。

Erstellen Sie anhand der gegebenen Grammatikpunkte Dialoge und üben Sie.

(1) 比较句;(2) 存现句。

例如:我和小丽一样高。

　　课桌上放着三本书。

《史　记》

Shǐ jì　　Hàn dài　qián　　　　　Sī mǎ Qiān suǒ zhù　shì Zhōng guó dì yī bù jì
《史 记》,汉 代（前 206—220)司 马 迁 所 著,是 中 国 第 一 部 纪
zhuàn tǐ tōng shǐ　Zhè běn shū jì zǎi le cóng Huáng dì　yuē qián　　　yuē qián
传 体 通 史。这 本 书 记 载 了 从 黄 帝（约 前 2717—约 前 2599)

shí dài dào Hàn Wǔ dì qián qián shí dài de xǔ duō lì shǐ shì jiàn dà bù fen dōu yǐ
时代到汉武帝（前156—前87）时代的许多历史事件，大部分都以
rén wù wéi zhōng xīn lái jì zǎi lì shǐ duì gǔ dài de xiǎo shuō xì jù sǎn wén děng chǎn shēng
人物为中心来记载历史，对古代的小说、戏剧、散文等产生
le guǎng fàn yǐng xiǎng Rú jīn Shǐ jì de yǐng xiǎng fàn wéi yǐ jīng yuǎn yuǎn chāo chū Zhōng
了广泛影响。如今，《史记》的影响范围已经远远超出中
guó bèi yì wéi yīng wén fǎ wén dé wén rì wén děng wén zì Xǔ duō rè ài Zhōng guó wén
国，被译为英文、法文、德文、日文等文字。许多热爱中国文
xué de wài guó yǒu rén dōu kě yǐ dú dào tā Shǐ jì kě yǐ bèi chēng zuò yī bù gǔ jīn zhōng
学的外国友人都可以读到它。《史记》可以被称作一部古今中
wài bù xiǔ de jié zuò
外不朽的杰作。

Aufzeichnungen des Historikers（史记，Shi Ji），das erste historische Buch Chinas, wurde von Sima Qian in der westlichen Han-Dynastie（206 v. Chr. - 220）verfasst. In diesem Buch werden viele historische Ereignisse aufgezeichnet, die im Zeitraum von Huang Di（ca. 2717 v. Chr. - 2599 v. Chr.）bis Han Wudi（156 v. Chr. - 87 v. Chr.）aus der westlichen Han-Dynastie geschahen. Die meisten historischen Ereignisse in diesem Buch handeln sich um Menschen. Es hat einen großen Einfluss auf Romane, Dramen, Prosa und so weiter im alten China ausgeübt. Heute ist der Einfluss von den *Aufzeichnungen des Historikers* weit über China hinausgegangen. Weil das Buch schon ins Englische, Französische, Deutsche, Japanische und andere Sprachen übersetzt ist, können viele ausländische Freunde, die chinesische Literatur lieben, es lesen. Und zu allen Zeiten kann das Buch *Aufzeichnungen des Historikers* im In- und Ausland als ein monumentales Meisterwerk betrachtet werden.

第六篇　励志之范

　　本篇是《三字经》末篇，分为三课，主要强调勤奋和刻苦在一个人成长中的重要性。

　　本篇列举了大量鲜明生动、发人深省的历史人物故事。这些激励人们上进的历史人物中有杰出的政治家、伟大的思想家、才华横溢的诗人和著名的学者等。他们大多数都出身卑微，但凭着自己的努力奋斗，最终成为国家的栋梁之材。

Teil VI   Vorbilder

Dies ist der letzte Teil vom *Drei Zeichen Klassiker*, und besteht aus drei Lektionen. In diesem Teil wird vor allem die Bedeutung von Fleiß und harter Arbeit betont. Am Ende des Textes wird festgestellt, dass jeder Lernende eine richtige Einstellung zu seinem Lernen haben sollte, mit einem bestimmten Ziel, und dass er das Studium so lange fortsetzen sollte, wie er lebt.

In diesem Teil werden viele berührende, anschauliche und zum Nachdenken anregende Geschichten von historischen Persönlichkeiten aufgeführt. Unter diesen inspirierenden Menschen befinden sich herausragende Politiker, große Denker, begabte Dichter und renommierte Wissenschaftler. Es gibt sogar Beispiele für einige erfolgreiche Frauen. Die meisten von ihnen stammten aus bescheidenen Verhältnissen, aber durch große Anstrengungen und harte Arbeit wurden sie schließlich zu nützlichen und einflussreichen Mitgliedern der Gesellschaft. Im Laufe der Geschichte Chinas waren sie Vorbilder für Fleiß, harte Arbeit und Beharrlichkeit.

第十八课　口而诵

Lektion 18　Rezitation und Reflexion

1. 描红并注音(Zeichnen Sie Striche nach und ergänzen Sie Pinyin)

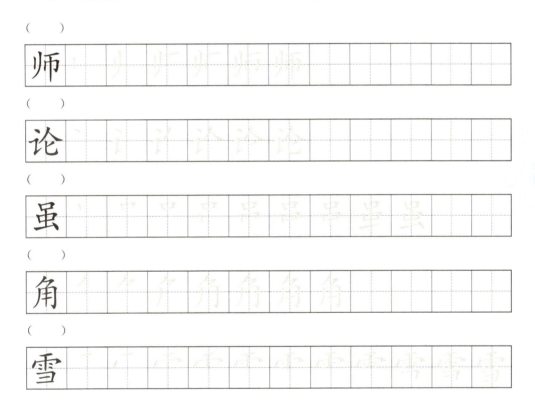

2. 话题导入(Einführung zum Thema)

你能说说你的国家有哪些勤奋好学的名人吗？

Können Sie uns einige fleißige Berühmtheiten aus Ihrem Land vorstellen?

三字经

Kǒu ér sòng, xīn ér wéi。
口而诵，心而惟。

Zhāo yú sī, xī yú sī。
朝于斯，夕于斯。

Xī zhòng ní, shī Xiàng Tuó①。
昔仲尼，师项橐。

Gǔ shèng xián, shàng qín xué。
古圣贤，尚勤学。

Zhào zhōng lìng②, dú lǔ lún③。
赵中令，读鲁论。

Bǐ jì shì④, xué qiě qín。
彼既仕，学且勤。

Pī pú biān⑤, xiāo zhú jiǎn。
披蒲编，削竹简。

Bǐ wú shū, qiě zhī miǎn。
彼无书，且知勉。

Tóu xuán liáng⑥, zhuī cì gǔ⑦。
头悬梁，锥刺股。

Bǐ bú jiào, zì qín kǔ。
彼不教，自勤苦。

Rú náng yíng, rú yìng xuě。
如囊萤，如映雪。

Jiā suī pín, xué bú chuò⑧。
家虽贫，学不辍。

Rú fù xīn, rú guà jiǎo。
如负薪，如挂角。

Shēn suī láo, yóu kǔ zhuó⑨。
身虽劳，犹苦卓。

1. 注释(Hinweise)

①项橐：春秋时期鲁国的一位神童，在他七岁的时候，孔夫子向他请教，后世尊项橐为圣公(Xiang Tuo, Name einer Person)。

②赵中令：赵普(922—992)，字则平，著名政治家，北宋开国功臣。中令：中书令，官职(Zhao Pu, Name einer Person)。

③《鲁论》：即《鲁论语》。《论语》的汉代传本之一(eine Version von den *Analekten des Konfuzius*)。

④仕：做官(Beamter werden)。

⑤蒲编：用蒲草做的书(ein Buch aus einer Art Rohrkolben)。

⑥梁:房梁、屋梁(Dachbalken)。

⑦股:大腿,自胯至膝盖的部分(Oberschenkel)。

⑧辍:中止、停顿(aufhören)。

⑨卓:优秀(ausgezeichnet)。

2. 原文大意(Paraphrase)

读书学习时,既要大声朗读,也要用心思考。从早到晚,专心学习。

从前,孔子曾求教于七岁的项橐。古代的圣贤,尚且勤学好问。

宋朝的赵普,天天阅读《论语》;从政当官后,仍然勤奋好学。

西汉路温舒把书抄在蒲草上。公孙弘把书刻在竹片上。

他们家里贫穷,买不起书,但仍知道求学上进。

孙敬担心在读书时睡觉,把头发系在屋梁上。

为了在读书时不感到疲倦,苏秦用锥子刺大腿。

他们不需要别人教导督促,自己主动学习,勤奋刻苦。

车胤利用萤火虫的微光读书。孙康依靠雪的反光读书。

他们虽然家境贫寒,都没有放弃学习。

朱买臣担柴时不忘读书。李密放牛时把书挂在牛角上,有时间就读书。

他们虽然身体劳累,仍然刻苦读书,终于取得了不起的成就。

三 汉字学习 Chinesisches Schriftzeichen

拼音	zhāo
词性	名词(N.)
释义	早晨(Morgen)
搭配	朝阳(Morgensonne);朝露(Morgentau)
例句	我迎着朝阳去上学。 Als die Morgensonne aufging, ging ich zur Schule.

三字经

拼音	xī
词性	名词(N.)
释义	日落的时候(die Zeit, in der die Sonne untergeht)
搭配	夕阳(Sonnenuntergang);朝夕相处(Tag und Nacht miteinander verbringen)
例句	今天的夕阳很漂亮。Der Sonnenuntergang ist heute wunderschön.

拼音	shàng
词性	副词(Adv.)
释义	还,仍然(noch)
搭配	尚且(immer noch);尚未(noch nicht)
例句	优秀的人尚且还学习,你为什么不学习呢? Ausgezeichnete Leute studieren immer noch, warum studierst du nicht?

拼音	qín
词性	形容词(Adj.)
释义	做事尽力,不偷懒(fleißig)
搭配	勤劳(fleißig);勤奋(fleißig)
例句	妈妈很勤劳,每天都把家里打扫得很干净。 Die Mutter ist sehr fleißig und putzt jeden Tag das Haus.

162

令

拼音	lìng
词性	动词(V.);名词(N.)
释义	上级对下级的指示(Order)
搭配	命令(Befehl);指令(Anweisung)
例句	你必须按照指令行事。Du musst die Anweisungen beachten.

彼

拼音	bǐ
词性	代词(Pron.)
释义	那,那个(jener,jene,jenes);对方(die andere Seite)
搭配	彼此(einander);此一时彼一时(die Zeiten haben sich geändert)
例句	他们彼此互相认识好久了。Sie kennen sich schon lange.

刺

拼音	cì
词性	动词(V.)
释义	用有尖的东西插入(stechen)
搭配	刺伤(Stichverletzung);刺探(ausspionieren)
例句	他不小心用剪刀刺伤了自己。Er hat sich versehentlich mit einer Schere gestochen.

苦

拼音	kǔ
词性	形容词(Adj)
释义	感觉难受的(sich schlecht fühlen)
搭配	艰苦(mühsam);刻苦(hart)
例句	他学习很刻苦。Er studiert sehr hart.

第十八课 口而诵

三字经

拼音	yìng
词性	动词（V.）
释义	照射（bestrahlen）
搭配	反映（widerspiegeln）；照映（erleuchten）
例句	这些名称反映了当地的特色。 Diese Namen spiegeln die lokalen Bräuche wider.

拼音	fù
词性	动词（V.）
释义	驮，背（auf dem Rücken tragen）
搭配	负担（Last）
例句	我希望你不要有这么重的负担。 Ich wünschte, du hättest nicht so eine schwere Last.

拼音	guà
词性	动词（V.）
释义	借助绳索、钩子等使物体附着于高处或连到另一物体上（hängen）
搭配	悬挂（aufhängen）
例句	我把衣服挂在了衣架上。 Ich habe meine Kleider auf den Kleiderbügel gehängt.

拼音	láo
词性	名词（N.）

释义	人类创造物质或精神财富的活动（Arbeit）
搭配	劳动（Arbeit）
例句	爷爷喜欢劳动。Opa arbeitet gerne.

犹 亻 犭 犲 犲 犹 犹

拼音	yóu
词性	副词（Adv.）
释义	仍然，还（noch）
搭配	犹然（noch）；记忆犹新（die Erinnerungen sind noch frisch）
例句	去年发生的那件事至今让我记忆犹新。 Was letztes Jahr passiert ist, ist mir noch frisch in Erinnerung.

四 日常对话 Dialoge

（一）我的朋友生病了（Mein Freund ist krank）

Lǐ Huá：Nǐ men kàn shàng qù liǎn sè bù tài hǎo
李 华：你们 看 上 去 脸 色 不 太 好 。

Zhāng Lì li：Wǒ zuì jìn zǒng shì tóu téng
张 丽 丽：我 最 近 总 是 头 疼 。

Liú Fāng：Wǒ yě shì, hái yī zhí ké sou, kě néng gǎn mào le
刘 芳：我 也 是，还 一 直 咳 嗽，可 能 感 冒 了 。

Lǐ Huá：Nǐ men dōu qù yī yuàn kàn kan ba Yào duō xiū xi bù yào tài
李 华：你们 都 去 医 院 看 看 吧 。要 多 休 息，不 要 太
　　　　láo lèi
　　　　劳 累 。

Zhāng Lì li：Hǎo wǒ men jīn tiān jiù qù yī yuàn
张 丽 丽：好 ，我 们 今 天 就 去 医 院 。

（二）劳动让我们快乐（Arbeit macht uns glücklich）

Chén Shì jié：Mǎ shàng jiù yào guò nián le zhēn ràng rén qī dài a
陈 士 杰：马 上 就 要 过 年 了，真 让 人 期 待 啊！

Lǐ Huá：Shì a wǒ xiān bǎ dēng long guà qǐ lái
李 华：是 啊，我 先 把 灯 笼 挂 起 来！

陈士杰：好，我来打扫客厅的卫生。

李　华：好，我等会儿来帮你。

陈士杰：虽然打扫卫生很累，但是看到干净的房间心情就会变好！

李　华：没错，劳动也能让我们快乐。

1. 副词（都）

用法：用在动词、形容词前，概括前面提到的人或者事物的全部。

例句：我和朋友**都**喜欢吃火锅。

苹果、梨子和西瓜**都**是水果。

迈克和戴维**都**是美国人。

2. 关联词（虽然……但是……）

用法：表示让步与转折关系。"虽然"用在前一个分句中，引出表示让步的分句，后一个分句常用"但是"引出转折关系。

句型：虽然……但是……

例句：**虽然**天气预报说今天出太阳，**但是**气温还是很低。

虽然我很饿，**但是**我不想吃饭。

她**虽然**只学了一年汉语，**但是**汉语说得很好。

1. 写一写（Schreiben）

根据拼音写汉字。

Schreiben Sie die entsprechenden Zeichen nach dem Pinyin auf.

shàng　　　　　　　zhāo　　　　　　　xī
＿＿＿且　　　　　＿＿＿阳　　　　　＿＿＿阳

2. 连一连(Verbindung)

把右列的汉字与左列的汉字相连组词。

Verbinden Sie die Zeichen in der rechten Spalte mit den Zeichen in der linken Spalte, um eine Phrase zu bilden.

命	动
劳	此
彼	探
刺	令
勤	奋

3. 变一变(Überarbeitung)

用"虽然……但是……"修改句子。

Überarbeiten Sie die Sätze mit dem Ausdruck "虽然……但是……".

例如：天气不好。我们仍打算去公园。

　　　虽然天气不好，但是我们仍打算去公园。

（1）我很饿。我不想吃饭。

_____

（2）她学习很努力。她考试成绩不太好。

_____

4. 选一选 (Zeichen-Wählen)

选择合适的汉字填入下列句子中。

Füllen Sie die folgenden Lücken mit den richtigen Zeichen aus.

　　　　映　挂　苦　犹　负

（1）妈妈把衣服_____在衣柜里。

（2）这首歌反_____了作曲家什么样的情绪？

（3）你放松一些，别有_____担。

（4）这么多年过去了，这件事我记忆_____新。

（5）他学习非常刻_____。

5. 说一说 (Sprechen)

根据所给场景，编写对话并练习。

Erstellen Sie anhand der gegebenen Situation Dialoge und üben Sie.

你的父母、朋友都很好奇你是怎么学习汉语的，请你和他们说一说汉语学习过程中的趣事，例如：汉语学习中的困难、获得进步时的喜悦等（试着用"虽然……但是……"的句型）。

延伸学习 / Lektüre für erweiterts Lernen

王 冕

王　冕（1287—1359），浙江绍兴人，中国古代诗人、画家。小时候，他的爸爸让他出去放牛，但他偷偷跑到学堂里听学生们读书。傍晚回家的时候，他只记得书上的内容，连牛都忘记了。有人说他家的牛踩坏了别人的庄稼，王冕的爸爸很生气，打了王冕。但是王冕仍然一心想着学习。他的妈妈说："孩子这样喜欢读书，为什么不由他去呢？"于是王冕离开了家，住在寺庙里。到了晚上，他悄悄地坐在佛像的膝盖上，拿着书借着长明灯的灯光诵读，一直读到天亮。清代吴敬梓的讽刺小说《儒林外史》就从元末明初王冕的故事开始写起。

Wang Mian (1287 – 1359), geboren in Shaoxing, Provinz Zhejiang, war ein chinesischer Dichter und Maler in der alten Zeit. Als er ein Kind war, ließ ihn sein Vater die Rinder auf die Weide treiben. Er schlich jedoch in die Schule, um den Vorlesungen zuzuhören. Als er abends nach Hause kam, hatte er das Vieh völlig vergessen und erinnerte sich nur noch an den Inhalt des Buches, das er gelernt hatte. Man sagte, dass das Vieh seiner Familie die Ernte anderer Leute zertrampelte. Wang Mians Vater war sehr wütend und schlug Wang Mian. Aber das einzige, was Wang Mian interessierte, war das Lernen. Seine Mutter sagte: „Das Kind liest so gerne, warum lassen wir es nicht das machen, was es will?" Daraufhin verließ Wang Mian sein Zuhause und lebte im Tempel. Nachts saß er ruhig auf dem Knie der Buddha-Statue, hielt ein Buch in der Hand und las im Licht der immer hellen Lampe bis zum Morgengrauen.

Das Buch *Geschichten der Gelehrten* (《儒林外史》, Ru Lin Wai Shi), ein Meisterwerk der satirischen Romane im alten China, das von Wu Jingzi in der Qing-Dynastie geschrieben wurde, beginnt mit der Geschichte von Wang Mian in der späten Yuan- und frühen Ming-Dynastie.

第十九课　苏老泉

Lektion 19　Su Laoquan

1. 描红并注音(Zeichnen Sie Striche nach und ergänzen Sie Pinyin)

( )
发

( )
宜

( )
思

( )
岁

( )
道

2. 话题导入(Einführung zum Thema)

说说你的看法：年龄大小与学习能力的关系。
Welcher Zusammenhang besteht zwischen dem Lebensalter und der Lernfähigkeit?

第十九课 芥老泉

苏老泉①，二十七。
始发愤②，读书籍。
彼既老，犹悔迟。
尔小生，宜早思。
若梁灏③，八十二。
对大廷，魁多士。
彼既成，众称异。
尔小生，宜立志。
莹④八岁，能咏诗。
泌⑤七岁，能赋棋。
彼颖悟，人称奇。
尔幼学，当效之。
蔡文姬⑥，能辨琴。
谢道韫⑦，能咏吟。
彼女子，且聪敏。
尔男子，当自警。

1. 注释 (Hinweise)

①苏老泉：苏洵，苏东坡的父亲(Su Laoquan, Personenname)。
②发愤：自己感觉不满意而不断努力(einen festen Entschluss fassen)。
③梁灏：宋朝人，八十二岁考中状元(Liang Hao, Personenname)。
④莹：祖莹，北齐人，八岁能作诗(Zu Ying, Personenname)。
⑤泌：李泌，唐朝人，七岁能作棋赋(Li Bi, Personenname)。

⑥蔡文姬:东汉学者蔡文邕的女儿,名琰,字文姬,爱读书,精音律(Cai Wenji, Personenname)。

⑦谢道韫:晋朝女文学家,诗才敏捷,是当时著名的才女(Xie Daoyun, Personenname)。

2. 原文大意(Paraphrase)

北宋的苏洵直到二十七岁时才开始发愤努力读书学习。

虽然年老,他仍然后悔没有更早学习。你们现在年轻,更应该早做考虑。

北宋的梁灏八十二岁才考中状元,在金殿上对答如流,很多人比不过他。

他如此高龄成才,全国上下无不称奇。你们这些年轻人更应该早早立志。

北齐的祖莹才八岁就能吟诗;唐朝的李泌七岁就能作棋赋。

他们聪明好学,在当时人人赞叹称奇。你们这些年轻学子应当以他们为榜样。

东汉的蔡文姬,能分辨琴声好坏;晋朝的谢道韫能够出口成诗。

她们都是女子,而且非常聪颖。你们这些男子汉更当激励警醒啊!

三 汉字学习
Chinesisches Schriftzeichen

泉

拼音	quán
词性	名词(N.)
释义	从地下流出的水源(Wasser, das aus dem Untergrund fließt)
搭配	矿泉水(Mineralwasser);源泉(Quelle)
例句	我想去买一瓶矿泉水。 Ich möchte eine Flasche Mineralwasser kaufen.

籍

拼音	jí
词性	名词(N.)

释义	书（Buch）
搭配	书籍（Buch）；国籍（Nationalität）
例句	书籍是人类进步的阶梯。 Bücher sind die Leiter des menschlichen Fortschritts.

悔

拼音	huǐ
词性	动词（V.）
释义	对自己曾做过的事或说过的话感到懊恼（bedauern）
搭配	后悔（bereuen）
例句	我非常后悔过去没有好好学习。 Ich bedauere, dass ich nicht vorher hart gearbeitet habe.

迟

拼音	chí
词性	形容词（Adj.）
释义	指时间比规定的或合适的晚（zu spät）
搭配	迟到（sich verspäten）；推迟（verschoben werden）
例句	王明今天上课迟到了。 Wang Ming ist heute zu spät zum Unterricht gekommen.

尔

拼音	ěr
词性	代词（Pron.）
释义	你（的），你们（的）（du, dein）；如此（auf diese Weise）
搭配	偶尔（manchmal，gelegentlich）
例句	我偶尔晚上会出去看电影。 Gelegentlich gehe ich abends ins Kino.

三字经

士 一 十 士

拼音	shì
词性	名词(N.)
释义	读书人(Gelehrter);泛指男子(Mann);对人的美称(Ehrenvolle Anrede)
搭配	女士(Frau);男士(Herr);博士(PhD)
例句	那位白衣女士是史密斯夫人。Die Dame in Weiß ist Frau Smith.

众 丿 亻 个 汄 众

拼音	zhòng
词性	形容词(Adj.)
释义	许多(viel)
搭配	观众(Publikum);群众(Masse)
例句	演唱会的现场有很多观众。 Das Konzert wurde von einem großen Publikum besucht.

立 丶 亠 丷 立 立

拼音	lì
词性	动词(V.)
释义	站,竖起(stehen, aufrichten);做出,定出(machen, erstellen)
搭配	立足(basieren);成立(gründen);建立(aufbauen)
例句	他去年成立了自己的公司。 Letztes Jahr gründete er sein eigenes Unternehmen.

奇 一 ナ 大 本 查 杳 奇 奇

拼音	qí
词性	形容词(Adj.)
释义	罕见的(selten);特别的(einzigartig);惊异(verwundert)

174

搭配	奇怪(merkwürdig); 惊奇(überraschend)
例句	这是一件非常奇怪的事情。 Dies ist ein sehr merkwürdiges Ereignis.

效

拼音	xiào
词性	动词(V.)
释义	模仿(imitieren); 成果(Ergebnis)
搭配	效仿(imitieren); 效果(Auswirkung)
例句	新的教学方法效果非常好。 Die neue Lehrmethode funktioniert sehr gut.

琴

拼音	qín
词性	名词(N.)
释义	一类乐器的统称(ein allgemeiner Begriff für eine Gruppe von Instrumenten, Zither)
搭配	钢琴(Klavier); 小提琴(Violine)
例句	他会弹钢琴。Er kann Klavier spielen.

聪

拼音	cōng
词性	形容词(Adj.)
释义	心思灵敏(sensibler Geist)

三字经

搭配	聪明（klug）
例句	他很聪明。Er ist sehr klug.

敏

拼音	mǐn
词性	形容词（Adj.）
释义	迅速，灵活（schnell，flexibel）
搭配	灵敏（flexibel）；敏感（sensibel）
例句	他是一个敏感的人。Er ist eine sensible Person.

警

拼音	jǐng
词性	动词（V.）
释义	告诫、使人注意（warnen）；戒备（auf etwas Acht geben）
搭配	警告（warnen）；警察（Polizei）
例句	我警告你以后不许说谎。Ich warne dich, nie wieder zu lügen.

四 日常对话 Dialoge

（一）刘芳怎么了？（Was ist los mit Liu Fang?）

李 华：你看起来很不开心，发生了什么事？
Lǐ Huá: Nǐ kàn qǐ lái hěn bù kāi xīn, fā shēng le shén me shì

刘 芳：我今天上课迟到了，而且忘记带作业。
Liú Fāng: Wǒ jīn tiān shàng kè chí dào le, ér qiě wàng jì dài zuò yè

李 华：怎么会这样呢？
Lǐ Huá: Zěn me huì zhè yàng ne

刘 芳：我昨天有点不舒服。
Liú Fāng: Wǒ zuó tiān yǒu diǎn bù shū fu

李 华：你现在好些了吗？

刘 芳：恐怕我还得去看医生。你能陪我去吗？

李 华：当然可以。

（二）你有什么才艺？(Welche Begabungen hast du?)

李 华：你有什么才艺？

刘 芳：我会弹钢琴，也会下象棋。

李 华：你真棒！象棋什么时候学的？

刘 芳：我来中国的第一年。你有什么才艺吗？

李 华：我会拉二胡。

刘 芳：那听起来很酷。

语法知识 / Grammatik

1. 语气副词(也)

用法1：表示两事相同。

例句：我是大学生，我姐姐**也**是大学生。

用法2：表示无论假设是否成立，后果都相同。

例句：就算汉语很难，我**也**要把它学好。

用法3：表示甚至，加强语气。常和"连"搭配。

例句：**连**你**也**欺负我！

2. 介词(关于)

用法："关于"后面接名词，引出涉及的对象。

例句：**关于**放假的通知，学校已经下发给了各位老师。

我看了一本**关于**中国文化的书。

老师给我们介绍了一些**关于**学习汉语的方法。

第十九课　苏老泉

三字经

1. 写一写（Schreiben）

根据拼音写汉字。

Schreiben Sie die entsprechenden Zeichen nach dem Pinyin auf.

quán	huǐ	chí
____水	后____	____到
jí	qí	ěr
书____	____怪	偶____
shì	zhòng	
女____	群____	

2. 连一连（Verbindung）

把右列的汉字与左列的汉字相连组词。

Verbinden Sie die Zeichen in der rechten Spalte mit den Zeichen in der linken Spalte, um eine Phrase zu bilden.

成	明
奇	立
效	怪
钢	琴
聪	果
敏	告
警	感

3. 填一填（Lücken Füllen）

用下面给出的汉字填空。

Füllen Sie die folgenden Lücken mit den richtigen Zeichen aus.

观众　书籍　钢琴　奇怪

（1）这一场表演的_____非常多。

（2）他的特长是弹_____。

（3）图书馆里的_____非常多。

（4）我听到了一种_____的声音。

4. 选一选(Wählen)

选择一个给出的人名并填入下列句子中。

Wählen Sie einen Personennamen aus und tragen Sie ihn in die folgenden Sätze ein.

蔡文姬　　梁灏　　(祖)莹

(李)泌　　谢道韫　　苏老泉

_____，二十七。始发愤，读书籍。

若_____，八十二。对大廷，魁多士。

_____八岁，能咏诗。_____七岁，能赋棋。

_____，能辨琴。_____，能咏吟。

5. 说一说(Sprechen)

请用下列词语进行造句练习。

Schreiben Sie Sätze mit den vorgegebenen Wörtern.

(1)……也……

例句：我爱吃妈妈做的菜,也爱吃奶奶做的菜。

_____

(2)不但……而且……

例句：李明不但学习好而且热爱劳动。

_____

延伸学习 Lektüre fürerweiterts Lernen

唐宋八大家

Táng Sòng bā dà jiā　yòu chēng Táng Sòng gǔ wén bā dà jiā　shì zhǐ bā wèi wén xué jiè de
唐 宋 八 大 家，又 称 唐 宋 古 文 八 大 家，是 指 八 位 文 学 界 的

rén wù　Tā men shì Zhōng guó Táng dài de Hán Yù　Liǔ Zōng yuán hé Sòng dài de Sū Shì　Sū
人 物。他 们 是 中 国 唐 代 的 韩 愈、柳 宗 元 和 宋 代 的 苏 轼、苏

Xún　Sū Zhé　Ōu yáng Xiū　Wáng Ān shí　Zēng Gǒng bā wèi sǎn wén jiā de hé chēng　Qí zhōng
洵 、苏 辙 、欧 阳 修 、王 安 石 、曾 巩 八 位 散 文 家 的 合 称 。其 中

Hán Yù　Liǔ Zōng yuán shì Táng dài gǔ wén yùn dòng de lǐng xiù　Ōu yáng Xiū　Sān Sū děng sì rén
韩 愈 、柳 宗 元 是 唐 代 古 文 运 动 的 领 袖，欧 阳 修、三 苏 等 四 人

shì Sòng dài gǔ wén yùn dòng de hé xīn rén wù　Wáng Ān shí　Zēng Gǒng shì lín chuān wén xué de
是 宋 代 古 文 运 动 的 核 心 人 物，王 安 石、曾 巩 是 临 川 文 学 的

dài biǎo rén wù　Tā men xiān hòu xiān qǐ de gǔ wén gé xīn làng cháo　shǐ shī wén fā zhǎn de miàn
代 表 人 物。他 们 先 后 掀 起 的 古 文 革 新 浪 潮，使 诗 文 发 展 的 面

mào huàn rán yī xīn
貌 焕 然 一 新。

Die Acht Meister der Tang- und Song-Dynastien, auch bekannt als Acht Meister der Prosa des antiken Stils, beziehen sich auf acht herausragende Persönlichkeiten der chinesischen Literatur in dieser Zeit. Sie sind Han Yu, Liu Zongyuan aus der Tang-Dynastie und Su Shi, Su Xun, Su Zhe, Ouyang Xiu, Wang Anshi und Zeng Gong aus der Song-Dynastie. Unter ihnen waren Han Yu und Liu Zongyuan die Anführer der Prosa-Bewegung im antiken Stil in der Tang-Dynastie. Ouyang Xiu, Su Shi, Su Xun und Su Zhe waren die Hauptfiguren der Prosa-Bewegung im antiken Stil in der Song-Dynastie. Wang Anshi und Zeng Gong waren die Vertreter von Linchuan Literatur. Sie hatten nach und nach die Reform der antiken Prosa in Gang gesetzt und gefördert, so dass die Entwicklung von Poesie und Prosa einen völlig neuen Look bekam.

第二十课　唐刘晏

Lektion 20　Liu Yan aus der Tang-Dynastie

1. 描红并注音（Zeichnen Sie Striche nach und ergänzen Sie Pinyin）

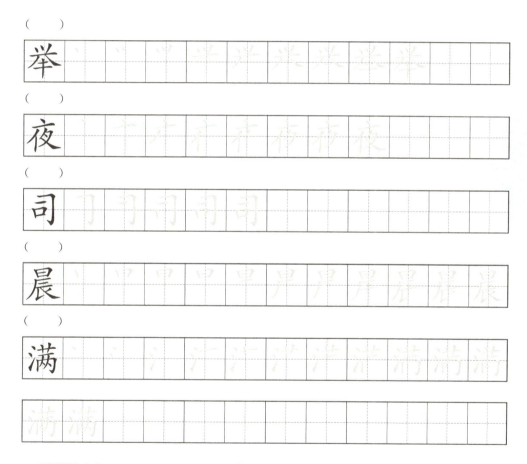

2. 话题导入（Einführung zum Thema）

一个人不努力可以成功吗？谈谈你的看法。
Kann man Erfolg haben, ohne sich zu bemühen? Bitte zeigen Sie Ihre Standpunkte.

三字经

学习原文 Text

唐刘晏，方七岁。
举神童①，作正字。
彼虽幼，身已仕。
尔幼学，勉而致。
有为者，亦若是。
犬守夜，鸡司②晨。
苟不学，曷为人。
蚕吐丝，蜂酿蜜。
人不学，不如物。
幼而学，壮而行。
上致君，下泽民。
扬名声，显父母。
光于前，裕于后。
人遗子，金满籝。
我教子，惟一经。
勤有功，戏③无益。
戒之哉④，宜勉力。

1. 注释(Hinweise)

①神童：聪明的小孩子(begabtes Kind，Wunderkind)。

②司：管理(verwalten)。

③戏：玩乐(spielen，Spaß haben)。

④哉:(感叹词)啊(Interjektion)。

2. 原文大意(Paraphrase)

唐朝的刘晏七岁时被人们称为神童,并且做了负责改正文字的官员。

他虽然年纪小,但已经从政做官。你们这些年轻学子只要勤奋学习就能成功。

有抱负有作为的人,大致都是如此。

狗会看家,鸡能报时。如果不认真学习,有什么资格称为人呢?

春蚕吐丝,蜜蜂酿蜜。如果不知道学习,人还不如小动物。

年轻时学习,成年后做事。向上报效国家,向下造福人民。

传播自己的名声,荣耀自己的父母。为祖先争光添彩,为子孙树立榜样。

别人给子孙留下金银钱财,我教育子孙的只有《三字经》这本书。

只要勤奋学习,就会有收获。如果整天游戏玩耍,就会毫无收获。

我们应该以此为戒,劝人勤奋上进努力学习。

三 汉字学习 Chinesisches Schriftzeichen

拼音	tóng
词性	名词(N.)
释义	小孩子(Kind)
搭配	儿童(Kind);童年(Kindheit)
例句	这家书店有很多儿童读物。 Es gibt viele Kinderbücher in dieser Buchhandlung.

拼音	zhì
词性	动词(V.)
释义	到达,实现(erreichen, realisieren)

三字经

搭配	导致(führen zu)；致谢(Danksagung)
例句	这件事处理得及时，没有导致混乱。 Die Angelegenheit wurde rechtzeitig behandelt und führte nicht zu einem Chaos.

守

拼音	shǒu
词性	动词(V.)
释义	保持(erhalten)；护卫(bewachen)
搭配	守护(schützen)；遵守(sich an ... halten)
例句	学生应该遵守学校的规章制度。 Die Schüler müssen sich an die Regeln und Vorschriften der Schule halten.

吐

拼音	tǔ
词性	动词(V.)
释义	使东西从口里出来(Dinge aus dem Mund kommen lassen)；说话(sprechen)
搭配	呕吐(erbrechen)；吐露(enthüllen)
例句	过了一个小时，他终于吐露了事情的真相。 Nach einer Stunde enthüllte er schließlich die Wahrheit.

民

拼音	mín
词性	名词(V.)
释义	人，人群(Leute，Menge)
搭配	民族(Nationalität)；民主(Demokratie)
例句	中国有五十六个民族。Es gibt 56 ethnische Gruppen in China.

显									

拼音	xiǎn
词性	动词（V.）；形容词（Adj.）
释义	表现（präsentieren）；露在外面的、容易看出来的（auffallend）
搭配	显示（zeigen）；显然（offensichtlich）
例句	显然，他的答案是错的。Offensichtlich ist seine Antwort falsch.

遗									

拼音	yí
词性	动词（V.）
释义	丢失（verlieren）；漏掉（auslassen）
搭配	遗失（verloren）；遗留（hinterlassen）
例句	这把钥匙是谁遗失的？Wer hat diesen Schlüssel verloren?

功						

拼音	gōng
词性	名词（N.）
释义	成绩（Ergolg）；成就（Leistung）
搭配	功劳（Verdienst）；功效（Effizienz）
例句	这件事能成功，他的功劳很大。 Ihm gebührt eine Menge Anerkennung für den Erfolg dieser Veranstaltung.

戏						

拼音	xì

第二十课　唐刘晏

词性	动词（V.）
释义	玩耍（spielen，spaß haben）
搭配	游戏（Spiel）；把戏（Trick）
例句	我们一起来做游戏吧。Lassuns zusammen das Spiel spielen.

拼音	yì
词性	名词（N.）
释义	好处（Nutzen）
搭配	利益（Interesse）；权益（Rechtsgut）
例句	他非常注重自己的利益。 Er ist sehr auf seine eigenen Interessen konzentriert.

拼音	jiè
词性	动词（V.）
释义	防备（vorbeugen）；革除不良嗜好（schlechte Gewohnheiten beseitigen）
搭配	戒备（Wachsamkeit）；戒烟（das Rauchen aufgeben）
例句	我的爸爸终于戒烟了。 Mein Vater hat endlich das Rauchen aufgegeben.

四 日常对话 Dialoge

（一）做作业（Hausaufgaben machen）

Lǐ　　　Huá　Jīn tiān zǎo shang yǒu kè ma
李　　　华：今天早上有课吗？

Zhāng Lì li　Jīn tiān zǎo shang shì Wáng lǎo shī de kè
张　丽丽：今天早上是王老师的课。

Lǐ　　　Huá　Zuó tiān Wáng lǎo shī de zuò yè nǐ zuò le ma
李　　　华：昨天王老师的作业你做了吗？

Zhāng Lì li　　Zuó tiān xià wǔ zuò wán le
张　丽丽：昨天下午做完了。

Lǐ　　Huá　Wǒ yǒu jǐ gè wèn tí bù huì
李　　华：我有几个问题不会。

Zhāng Lì li　　Wǒ xià kè jiāo nǐ
张　丽丽：我下课教你。

Lǐ　　Huá　Xiè xie nǐ
李　　华：谢谢你！

（二）参加生日晚会（an einer Geburtstagsfeier teilnehmen）

Chén Shì jié　　Liú Fāng　wǎn shang yǒu shí jiān ma
陈士杰：刘芳，晚上有时间吗？

Liú　Fāng　Yǒu shí jiān
刘　芳：有时间。

Chén Shì jié　　Néng cān jiā wǒ de shēng rì wǎn huì ma
陈士杰：能参加我的生日晚会吗？

Liú　Fāng　Néng jǐ diǎn kāi shǐ a
刘　芳：能，几点开始啊？

Chén Shì jié　　Wǎn shang qī diǎn
陈士杰：晚上七点。

Liú　Fāng　Hǎo de wǎn shang jiàn
刘　芳：好的，晚上见。

语法知识 Grammatik

1. 能愿动词（能）

用法：能愿动词"能"一般用在动词前，与动词整体作谓语，表示一种能力或者可能。其否定形式是"不能"。"能"还常用于疑问句式"能……吗？"中，表示请求、希望获得许可。

句型：主语＋（不）能＋动词（＋宾语）

　　　主语＋能＋动词（＋宾语）吗？

例句：你能参加我的生日会吗？

　　　刘芳能参加陈士杰的生日会。

　　　我不能参加你的生日会。

2. 动态助词（了）

用法："了"可用于句尾，表示发生或已经完成；也可用于动词后带宾语，该宾语前一一般要有定语,如数量词、形容词、代词等。"了"表示发生或者已经完成的否定形式为"没……",同时"了"要去掉。

句型:主语＋动词(宾语)＋了

主语＋动词(宾语)＋了＋吗?

主语＋动词＋了＋宾语

主语＋没＋动词(宾语)

例句:昨天王老师的作业你做了吗?

张丽丽做完了作业。

我没做完作业。

你到电影院了吗?

我到电影院了。

六 课后练习 Übungen

1. 写一写(Schreiben)

根据拼音写汉字。

Schreiben Sie die entsprechenden Zeichen nach dem Pinyin auf.

tóng	zhǐ
儿____	导____
shǒu	tǔ
遵____	____露
mín	xiǎn
人____	____示

2. 连一连(Verbindung)

把右列的汉字与左列的汉字相连组词。

Verbinden Sie die Zeichen in der rechten Spalte mit den Zeichen in der linken Spalte, um eine Phrase zu bilden.

遗　　　　　劳
功　　　　　失
游　　　　　益
利　　　　　戏
戒　　　　　烟

3. 填一填(Lücken Füllen)

用下列汉字填空。

Füllen Sie die Lücken mit den folgenden chinesischen Schriftzeichen aus.

童　戏　功　戒

(1) 我希望你能_____烟。

(2) 我们应该时刻关注儿_____的心理健康。

(3) 我们团队能取得成功,并不是我一个人的_____劳。

(4) 孩子们在和老师一起做游_____。

4. 排一排(Neuanordnung)

重新排列并组成句子。

Ordnen Sie die Zeichen neu an, um Sätze zu bilden.

(1) 游戏　只　不能　想着　我们　玩　放假后

_____

(2) 小丽　吐露　终于　了　真相

_____

5. 说一说(Sprechen)

根据所给场景,编写对话并练习。

Erstellen Sie anhand der gegebenen Situation Dialoge und üben Sie.

上课后,王老师检查作业,发现陈士杰没有做作业,陈士杰向老师说明原因:昨天他晚上身体不舒服,去医院看医生了。请你编出王老师和陈士杰的对话。

提示:用"了"字造句。

Lektüre fürerweiterts Lernen

马建忠与《马氏文通》

Mǎ Jiàn zhōng　　　　　　　Jiāng sū Zhèn jiāng rén　xué zhě　wài jiāo jiā　jīng tōng
马　建　忠（1845—1900），江苏　镇　江人,学者,外交家,精通
lā dīng yǔ　xī là yǔ　yīng yǔ　fǎ yǔ děng duō zhǒng yǔ yán　yòu duì Zhōng guó gǔ jí hé Zhōng
拉丁语、希腊语、英语、法语等多种语言,又对中国古籍和中

三字经

<small>guó chuán tǒng yǔ wén yán jiū hěn liǎo jiě　cháng qī cóng shì zhōng　xī yǔ zhī jiān de fān yì gōng</small>
国 传 统 语 文 研 究 很 了 解，长 期 从 事 中 、西 语 之 间 的 翻 译 工

<small>zuò　suǒ yǐ tā jù yǒu míng què de yǔ fǎ guān niàn　gèng zhòng yào de shì tā bǎ zhuàn xiě yǔ fǎ</small>
作，所 以 他 具 有 明 确 的 语 法 观 念，更 重 要 的 是 他 把 撰 写 语 法

<small>zhù zuò kàn zuò fā zhǎn mín zú wén huà de fāng fǎ　Jīng guò shí yú nián de qín kěn zuān yán　Mǎ</small>
著 作 看 作 发 展 民 族 文 化 的 方 法。经 过 十 余 年 的 勤 恳 钻 研，马

<small>Jiàn zhōng zhōng yú wán chéng le sān shí yú wàn yán de　Mǎ shì wén tōng　Zhè běn shū shì</small>
建 忠 终 于 完 成 了 三 十 余 万 言 的《马 氏 文 通》。这 本 书 是

<small>Zhōng guó guān yú hàn yǔ yǔ fǎ de dì yī bù xì tǒng xìng zhù zuò　kāi chuàng le Zhōng guó de yǔ</small>
中 国 关 于 汉 语 语 法 的 第 一 部 系 统 性 著 作，开 创 了 中 国 的 语

<small>fǎ xué</small>
法 学。

Ma Jianzhong（1845－1900），geboren in Zhenjiang, Provinz Jiangsu, Gelehrter und Diplomat，beherrschte Latein，Griechisch，Englisch，Französisch und andere Sprachen. Er war in den alten chinesischen Klassikern gut bewandert und kannte sich mit der traditionalen chinesischen Sprachwissenschaft aus. Ma Jianzhong hatte sich lange mit der Übersetzung zwischen chinesischen und westlichen Sprachen beschäftigt und besaß daher eine klare Vorstellung von Grammatik. Vor allem aber betrachtete er das Verfassen grammatikalischer Werke als einen Weg，die Kultur seines Volkes zu entwickeln. Nach mehr als zehn Jahren gründlicher Forschung und fleißiger Arbeit vollendete Ma Jianzhong schließlich das Meisterwerk *Ma Shi Wen Tong*（《马氏文通》Grammatik von Herrn Ma）mit mehr als 300.000 Wörtern，das das erste systematische Werk über chinesische Grammatik in China war und die Grundlage für das Studium der chinesischen Grammatik bildete.

练习参考答案

第一课

1. 善　专　教
2. 相——习
   教——性
   以——前
   学——互
   个——师
   （连线：相-师，教-习，以-性，学-前，个-互）
3. （1）初　（2）谁　（3）要　（4）操场
4. 人之初, 性本善。性相近, 习相远。苟不教, 性乃迁。教之道, 贵以专。
5. 略

第二课

1. 母　方　玉
2. 父——义
   幼——儿
   养——器
   正——育
   成——亲
3. （1）没　（2）不　（3）辆　（4）个
4. （1）今天我有三节课。（2）我后天也没有时间。（3）这双鞋真好看！
5. （1）我不喜欢爬山。（2）他没有时间。（3）这条裙子不好看。（4）他不是一名小学生。
6. （1）②　（2）①　（3）①　（4）②　（5）①
7. 略

第三课

1. 龄　梨　香
2. 亲——先
   出——味
   首——席
   固——戚
   香——执
3. （1）香　（2）孝　（3）亲
4. 为人子, 方少时, 亲师友, 习礼仪。香九龄, 能温席。孝于亲, 所当执。融四岁, 能让梨。
5. 略

第四课

1. 而　才　者　光　数
2. （1）个性　（2）光　（3）才
3. 数——学
   阳——字
   上——光
   才——能
4. 知某数, 识某文。一而十, 十而百。百而千, 千而万。
5. 略

第五课

1. 此　运　穷　乎
2. 夏——尽
   似——季
   穷——乎
   彼——此

3. ①丿 ②门 ③南 ④因此 ⑤最 ⑥穷 ⑦几乎

4. 我认为春天最美,因为春天所有的花都开了,很美丽。我还是在春天出生的呢,所以,我喜欢春天。

三字经

第六课

1. 木 金 智 容 羊

2. 一(匹)马 一(只)羊 一(只)鸡 一(头)牛 一(头)猪

3. 金(金色)　木(木头)　水(河水) 火(大火)　羊(山羊)　土(土地) 智(智慧)　容(容易)

4. ①弟弟比妹妹还矮。　②爸爸比妈妈更忙。　③那件衣服比这件衣服更大。 ④汉语比英语更难。　⑤妹妹比姐姐更胖。

5. 略

第七课

1. 革 恶 具 石 与 竹

2. 发—土　感—情　国—怒　赠—毒　恶—绸　丝—音　声—与

3. (1) 皮革　(2) 厌恶　(3) 具备 (4) 石头　(5) 与其　(6) 竹子

4. (1) 竹　(2) 音　(3)怒

5. 曰喜怒,曰哀惧。爱恶欲,七情具。匏土革,木石金。丝与竹,乃八音。

6. 略

第八课

1. 曾 至 族 敬 兄 则 序

2. 玄—序　至—父　祖—长　次—孙　兄—今

3. (1) 曾　(2) 至　(3) 序　(4) 则 (5) 兄

4. (1) 爷爷每天早上5点就起床了。 (2) 小明4点10分就到家了。 (3) 飞机10分钟后就起飞。

5. (1) 子　(2) 曾

6. 略

第九课

1. 训 究 详 终

2. 凡 fán　必 bì　初 chū　讲 jiǎng 究 jiū

3. 凡 须 初

4. 丿 一 初

5. 为学者,必有初。小学终,至四书。

6. 例:《西游记》

第十课

1. 群 止 德 易 修 齐 治

2. 论—yán　群—píng　记—jì　平—qún　言—lùn

3. (1) 德　(2) 止　(3) 道　(4) 治

4. 撒 羊 乱

5. 做《中庸》,子思笔,中不偏,庸不易。 作《大学》,乃曾子,自修齐,至平治。

6. 例:孔子

第十一课

1. 始 诗 易 连 归 命
2. 开——人
   诗——始
   容——易
   连——还
   归——年
   命——令
3. 辶 丿 一 女 讠 丨
4. 如六经,始可读。
   诗书易,礼春秋。
5. 略

第十二课

1. 著 官 存
2. 治——dài
   戴——zhì
   注——zhù
   述——jì
   既——shù
3. 善 恶 治
4. 丨 丶
5. 我周公,作《周礼》。著六官,存治体。
   大小戴,注礼记。述圣言,礼乐备。
6. 礼乐,形式内容包括礼仪、音乐。中国文化非常重视礼乐。"礼"就是各种礼节规范,"乐"则包括音乐和舞蹈。礼乐的起源,与人类文明的演进是同步的。"礼乐文化"在中华文明史上创造了人类的辉煌。虽然现代工商业科技文明过分重视物质利益,使得传统的"礼乐文化"受到商业世俗文化的冲击,已失去古典纯朴的本质精神。但是,传统的"礼乐文化"在今天还是能起到提升人类道德,使人们达到自我完善的作用。

第十三课

1. 传 扬 羊
2. 传——羊
   及——记
   绵——格
   表——扬
3. (1) 我每天起床先洗脸刷牙,然后吃早饭。
   (2) 回到家,我先做作业,然后看电视。
   (3) 为了去中国学习,我要努力学习中文。
4. zhuàn jì   jí gé   biǎo yáng
5. 我每天先去图书馆看书,然后去公园运动。

第十四课

1. 史 世 始
2. 终——民
   农——于
   邻——居
   武——递
   传——器
   社——会
3. (1) 战 (2) 强 (3) 雄 (4) 终
4. chuán dì   qù shì   zhēng lùn
5. (1) 如果:如果明天不下雨,我们就去爬山。
   (2) 帮:你可以帮我关一下门吗?
   (3) 带:明天上课记得带中文书。

第十五课

1. 建 朝 失
2. 删——造
   混——一
   创——乱
   统——基
   基——础
   　　除

3. (1) 古代　(2) 创造　(3) 删除
   (4) 混乱　(5) 统一　(6) 基础
4. jì chéng　cháo dài　jī chǔ
5. 略

三字经

第十六课

1. 金　绝　权
2. 森——林
   断——绝
   闯——进
   神——器
   武——秘
3. (1) 神　(2) 景　(3) 器
4. 追成祖,迁燕京。十六世,至崇祯。
   权阉肆,寇如林。李闯出,神器焚。
5. 我是陈士杰,上周末我去健身了。我是下午骑共享单车去的。

第十七课

1. 古　繁　证　载　志　录
2. 繁——多
   古——老
   记——载
   杂——志
   证——明
   目——录
3. (1) 古老　(2) 证明　(3) 目测
   (4) 杂志
4. (1) 难　(2) 一样　(3) 放着
   (4) 坐着
5. 略

第十八课

1. 尚　朝　夕
2. 命——动
   劳——此
   彼——探
   刺——令
   勤——奋
3. (1) 虽然我很饿,但我不想吃饭。
   (2) 虽然她学习很努力,但是她考试成绩不太好。
4. (1) 挂　(2) 映　(3) 负　(4) 犹
   (5) 苦
5. 略

第十九课

1. 泉　悔　迟　籍　奇　尔　士　众
2. 成——明
   奇——立
   效——怪
   钢——琴
   聪——果
   敏——告
   警——感
3. (1) 观众　(2) 钢琴　(3) 书籍
   (4) 奇怪
4. 苏老泉,二十七。始发愤,读书籍。
   若梁灏,八十二。对大廷,魁多士。
   莹八岁,能咏诗。泌七岁,能赋棋。
   蔡文姬,能辨琴。谢道韫,能咏吟。
5. (1) 我们要努力学习也要热爱劳动。
   (2) 我们不但要尊重老师还要关心同学。

第二十课

1. 童　致　字　吐　民　显
2. 遗——劳
   功——失
   游——益
   利——戏
   戒——烟

3. (1) 戒 (2) 童 (3) 功 (4) 戏

4. (1) 放假后我们不能只想着玩游戏。
(2) 小丽终于吐露了真相。

5. 王老师:陈士杰,你作业没做吗?

陈士杰:对不起,王老师,我昨晚身体不舒服,去了医院。

王老师:噢,现在感觉好点了吧?

陈士杰:好多了,谢谢老师。